高等学校国語　教職志望の皆さんへ

目　次

はじめに

　本書は、高校の国語科教員になりたい方のための本です。

　おそらく、みなさんは、『ほんの2〜3年前に高校を卒業したばかりなのだから、高校のことはよく知っている』と考えていることでしょう。

　しかし、それは生徒の立場からの話ではないでしょうか。特に、教育実習に行った時には、教えるときの教員の考え方や、校内の教員構成や役割分担（分掌や委員会）も含め、学校の中での教員の動き一つ取っても、知っているようで意外と知らないことが多く、一体どうなっているのかと、わからないことだらけになります。

　本書では、まず「1－大学にいて、高校の授業を考えると」で、高校で教える際の国語の教科としての特色を述べ、「2－教育実習に行く前に」「3－指導案の前にすること」「4－指導案について」で、できるだけ高校の実態に即して、高校の指導教員の立場から、教育実習に来る人々に早い時期から知っておいてほしいことを述べました。

　「5－教育実習」「6－採用試験」「7－合格と赴任先の判明」では、実際の状況から教育実習や採用試験とその後の説明をしています。内容は、親や年長の兄や姉に教員がいれば、いわずと知れたことですが、身近に教職関係者がいないことも多いですし、年代で変化してきたこともあるので、教育実習や採用試験の際に参考にしてください。

　「8－赴任してから」では、初任者・転勤者として実際に出会ったことを書いていますが、教員なら誰でも最初の一か月に赴任した高校で経験することです。若干の相違があるかもしれませんが、それはそれで、その学校の特色だったり、教育委員会や文科省の方針の変化だったりするので、周りの先生方から詳しい話を聞いてみて下さい。

　「9－シラバス」「10－定期考査と採点」「11－評価」「12－学校のカリキュラム」は、各高校の校内での教務的な問題です。教えたり担任したりする際に、教員は必ず直面することになりますが、非常勤講師だとなかなか教えてもらえないことが多い内容です。

　「13－学習指導要領」は、現在では法的準拠を持ちますが、10年毎に改訂され、文部科学省に認可された学校がこれに従うことになっています。

　「14―教科書」は、教科書について、一般の方が知らないことで、教員は知っておかなければならない内容を書きました。

　「15－日本語指導と国語」は、外国人生徒が増えてきていて、日本語を教えるのだから「国語の先生、よろしく」ということになりがちですが、国語科指導と日本語指導の違いを、実際の例を挙げて説明しました。

　この本が、高校国語科の教職志望のみなさんのお役に立つことを願っています。

1—大学にいて、高校の授業を考えると

　高校の授業がどんなふうだったか、思い出してみてください。

　先生の言った冗談なら覚えている、というのはよくある話ですが、大学の授業で研究授業をする時や、教育実習の準備をする時に、教えてもらった順序や方法を思い出そうとしても、なかなか思い出せないものです。

　「ほんの少し前のことだったのに、なぜ思い出せないのだろう」「どんなふうに先生は教えていただろうか」と考えるのは、当然です。

　というのは、学生の時は、教員の進めていく手順の中で教科内容に集中していて、先生がどういうふうに指導しているかなど、考えている余裕も必要もないからです（もしそんな余裕があるなら、他のことをしていたでしょう）。

＊国語の特性

　国語を教えるとき、社会・理科・数学とは違った悩みを抱えてしまいます。他教科でも、それぞれ指導法があるとはいえ、説明して次々答えを与えていけば、ある程度、授業らしくなるのですが、国語では、説明して答えを示すだけではなく、必ず相手から答えを引き出したり、自分なりに考えさせたり、誘導してでも自分の言葉で答えさせたりしなければならないので、それが難しいのです。たとえば、数学は公式が理解できなくても利用できれば大丈夫ですが、国語で生徒たちは腑に落ちないことを「わかった」「理解できた」とは言いません。国語は「わかる」ということの難しさと向き合う教科なのです（参考『「わかる」のしくみ　「わかったつもり」からの脱出』西林克彦著（新曜社）1997）。

＊大学と高校の違い

　その上、高校と大学では、若干、勉強に対する考え方が異なります。大学では、基本的に根本までつきつめて疑問を追究します。例えば、諸本を見合わせ、底本から検討し、『日本国語大辞典』『新編国歌大観』などの辞書類を引き、また専門書や論文など、出典を明記して、誰がどう言って、自分の考えはどう違うのかを述べる、などということをするでしょう。

　しかし、高校では、語彙一つとっても、どの辞書を使ったかなど、説明しませんし、一般的で典型的な例を説明して、自説などを展開したりはしないものです。

　大学と高校の違いを明確に把握していないと、教育実習へ行って、何か質問されたり、ふと疑問に思ったりしたときに、つい、大学の下調べのように、詳しく『日本国語大辞典』など調べたりしてしまって、全然時間がなくなってしまいます。

＊家庭教師・少人数の塾とクラスを教えるときの違い

　家庭教師や少人数の塾ならば、生徒がわからないことをその場ですぐ質問してきても、即答で返事ができますが、40人前後のクラスでは、生徒各自が疑問が湧くその都度、口々に質問す

れば、教員は授業展開などできなくなります。

　つまり高校の授業では、事前にある程度出るだろう質問を想定して、生徒から質問が出る前に、質問を投げかけて、答えが出るなら良し、出ないのなら調べさせるか、誘導して答えを導きだすか、それでもどうしても無理ならば、正解を言ってしまうかして、決まった時間内に授業を展開していくことになります。

　生徒が質問できるような余裕は、ある程度は必要ですが、全員質問ができるようにするには、進度がゆっくりで、教材の自由度が高く、少人数である必要があります。

　逆に、大人数で進度が速く、教材のレベルが生徒全体には高度である場合、全員質問すれば、授業が崩壊します。わからない人々が、あきらめて黙っているか眠っていれば別ですが。

＊反転学習・探究学習と解説・説明

　近年では、反転学習や探究学習などと言って、これまで高校でなされてきた講義内容（文法や現代語訳）は生徒たちに予習させて、高校の授業の中で、大学で行ってきたような研究（成立や作者との関係についての発表など）をさせようとする学習法が推奨されるようになってきました。

　しかし、そこに至る前に、そもそも、生徒たちが皆、最低限、予習ないしは調べ学習ができるようにまでもっていかなければなりません。

　また、どんなに生徒たちに発表させても、最後のまとめに解説・説明は必須になります。採用試験での模擬授業はたいてい、説明部分だけをさせられます。

＊集団を教えるとき

　特に、集団を教える際に問題になることを、次に挙げてみましょう。

① 　語彙

　高校生と大学生では語彙が異なります。だからこそ、高校では現代語の単語集や漢字、古語単語集を覚え、小テストをするわけです。

　しかし、解説中に根本的にどの程度で通じるのか、お互いにしゃべってみて初めてわかることが多いと思います。リーダー格の生徒や言いたいことをいう生徒が、教員の言葉がわからなくて聞き返した場合、そのクラスの半数以上の生徒は、その言葉の意味がわかっていません。半数以上わかっている場合は、その聞き返した生徒が笑われるので、そういう反応からでも理解度が判明します。

　個人的な思い出としては、大学院卒業後初めて、非常勤講師として教壇に立ち、教育困難校で教えたとき、「先生、ひらがなでしゃべって。私らアホやから難しい言葉は分かれへん」と言われたことがありました。その時、私は大学で話すように、無意識に漢語つまり漢字の熟語で話していたようなのです。言われて初めて気づいたのですが、漢語は書き言葉なので、同音異義語も多く、その漢字が思い浮かばなければ、意味がわかりません。

　別に教育困難校でなくても、日本語よりも和製英語のほうが通じやすい傾向があります。例

えば口頭では「かいをこぐ（櫂を漕ぐ）」というよりも、「オールをこぐ」といったほうが早く通じます。身近なところでは「ちょうめん（帳面）」というよりは「ノート」、「はくぼく（白墨）」よりは「チョーク」、「はくばん（白板）」よりは「ホワイトボード」のほうが、耳から入ったときにはわかりやすい。「白板」はともかく「帳面」「白墨」は明治～昭和期の文学に出てきます。生徒にすぐに通じるでしょうか。

　また、これも個人的な経験ですが、美術館での一般向けの講演会に恩師から動員がかかって先輩方と一緒に聴きに行ったのですが、恩師の講演は大学と同じ調子だったので、前に座っていた地元のおばさま方は「難しくてよくわからない」と首をかしげていました。

　次に講演された、恩師の後輩の教授が、一度、漢語を口に出すと、必ず和語に言い換えていて、漢語を聞きなれている私達からすれば、くどい気がしたのですが、おばさま方は「今度はわかった」とご満足されていました。その教授は、当時、私立大学の学長をされていて、系列の高校・中学・小学校などの校長でもあったのです。後日、それを知って、なるほどと思いました。大学の学生相手の語彙で、高校ならともかく、小学校や中学校ではおそらく話が通じないでしょう。学園全体に話すときには、難しいことばをその場で言い換えて説明する必要があったのだろうなと推測できました。

　実際、どれぐらいの語彙で話すかをあらかじめ決めるのは、一般の講演会などに関しては、結構難しいのですが、学校の授業の場合は方法があります。

　たとえば、初めて会う生徒たちに教えることになったときには、できるなら、何か尋ねてみて、すぐ答えられるかどうか試してみます。生徒たちの回答の反射の速さ、こちらの問いかけの語彙についていけるかどうかで、おおむね判断できるでしょう。

　その際に、何を尋ねるかは、たとえば時事問題でもいいですし、すぐに授業に入りたければ、その単元に関すること、例えば作者についてとか、出典について（しばしば「出典」が通じないことも多い）とか、尋ねてみると、生徒たちの反応から、大体どのレベルの語彙で話すべきか、また、話すスピード、どれぐらい繰り返すか、などを決められると思います。

②　取り上げて説明する内容

　文学部の大学生には助動詞などを逐一説明する必要はありませんが、高校生には、助動詞・助詞などの文法や漢文句法の説明をする必要があります。解釈上問題になるところばかりではなく、高校生が間違いやすい箇所を考えさせて答えさせたり、解説したり、しなければなりません。また、熟語なども同様です。古語は現代語と意味が異なるものも多いので、わからなくても仕方がありませんが、現代語でも、わかっているようでわかっていなかったり、誤解していたりすることがあります。

　ちなみに、手っ取り早く教えようとして、若手教員はしばしば古典の単元全文の品詞分解プリントや現代語訳を配布したがりますが、それでは、生徒たちはプリントに頼り、丸暗記して、古文・漢文を自分で訳せなくなります。

　特に高校一年に顕著なのですが、生徒たちは、どんなものにも正解がどこかにある、と思っ

ているのです。その正解とやらがどうやって作られているのかには全く興味をもっていません。なんの疑問も感じず、与えられたものを与えられたまま鵜呑みにします。またはネット上の答えを正解だと思って、無批判にそのまま持ってきます。とても危険なことです。

　説明するということは、わかったつもりになっている生徒たちに疑問を投げかけ、考えさせ、説明していって、生徒たちの頭の中に文章の構造を打ち立てていくようなものです。すでにちゃんとわかっているところについては説明を要しません。

　では、生徒たちが、本文のどこがわかっていないかを発見するには、どうしたらいいでしょうか。これには指名音読が有効です。読みが自信なさそうになったり、単語の切れ目がわからなかったり、漢字が読めない部分は、内容もわかっていません。

　その時、他の生徒たちの反応から、どこは半数以上わかっていて、どこが全員だめなのか、類推します。そして、その怪しそうな部分について、古典ならば指名訳読してもらえば一目瞭然、現代文ならその部分がどんな話なのか聞いてみましょう。そうすれば、何がわかって、何がわかっていないのか明らかになるでしょう。

③　ストーリーや論理展開

　物語や論説文は、大学生は、初見であっても、部分に分けて順次説明していけば全体像を作れると思うのですが、高校生に説明する際には、こちらが懇切手寧に部分・部分に分けて説明すればするほど、全体が見えなくなってしまうことが多いように思います。「木を見て山を見ず」の状態に陥るわけです。

　中間校でよくあることですが、これだけ細分化して丁寧に説明したから、理解できただろうと思って、単元の終わりに「学習のポイント」「学習の手引き」などにある設問を答えさせると、真面目に聞いている生徒から、しばしば、とんちんかんな返事が返ってきて、思わず唖然としたり、ため息をつきそうになったりします。

　そういうときには、どこでひっかかっているのか、考えます。これまでの経験からすれば、生徒たちは語句の意味や文法ばかり注目していて、登場人物やストーリーを理解していないことが多いようです。

　これは、教科書付属の課題集の段落分けでも同じで、空欄を埋めることばかりに必死になって、すでに分けられている段落やそのあらすじには目もくれない、ということになりがちなのです。つまり、全体の枠組みや流れを説明する場が必要になります。

④　理解の確認の仕方

　確認していくとき、まず、物語や小説ならば登場人物は誰ですかと聞いたり、論説文ならば、主要な言葉（キーワード）はどれですかと聞いてみたりします。

　すでに、この段階――登場人物やキーワード――でつまずいている人を何人か助けられます。人間関係の語彙で、つまずく人も多いようです。平安時代の後宮や一夫多妻制は理解しにくくても仕方がないとは思いますが、現代でふつうに使う、「叔父・伯父」「叔母・伯母」、「甥・姪」

などの言葉でも、親が一人っ子同士だったり、あるいは核家族だけで都会で暮らしたりしていると、そういった家族関係を表す言葉がピンとこない生徒もいるのです。

　同様に論説文でも、キーワードの言葉の意味を尋ねてみます。キーワードの意味を知らないとき、それを使った論理展開が理解できないのは当たりまえのことですが、なんとなく、とか、思い込みとかで、キーワードを理解していないか、確認が必要です。

　次に、図示します。

　物語の全体の展開を見るには、絵巻などあればよいのですが、なければこちらで下手な絵でもなんでも描いて図示しなければなりません。ただ、ここで教科書に立派な挿絵があると、見ればわかるだろうと思い、説明を省きがちなので、気を付けなければいけません。立派な絵があったとしても、かならず絵解き（えとき：昔は寺社などで仏の一生や地獄・極楽や神社の縁起絵巻などを僧侶や神官がわかりやすく解説しました）が必要になります。人間は意外とちゃんと見ていないのです。描かれている事物に、見ている人が名前を付けられなければ、ただの落書きか模様にしか過ぎません。

　また、物語や小説では、空想力が豊かなタイプの生徒は、自分の記憶に残ったところを再構成し、自分の気持ちにフィットしない部分を改変して、まったく別の話を作ってしまうことがよくあります。

　論説文も、他人の思考ですから、高校生はなかなか受け入れません。段落分けして、要旨をまとめさせるのは、そういう個人の想像力を排除して、客観的に全体の流れをつかませるためです。

＊主観・客観と理解力

　理解力は人間の成長とも関わりがあり、客観視ができるかできないかによって、読み取りの出来はかなり違います。

　それは、頭がいいとか悪いとかいう問題ではありません。主観（たとえば正義感や自分の喜怒哀楽）にとらわれて、文脈がちゃんと読めないということが、高校生ぐらいではしばしば起こります。

　たとえば、主人公に自分の正義感を投影してしまって、主人公にはそんな正義感がないのに、「悪者をやっつけよう」と主人公が考えていると思い込んでしまう、とか、主人公の悲しい気持ちに流されてしまって、感極まって心がいっぱいになってしまい、それ以上読み進められないとかいった事態が、入学試験問題などであっても、普通に起こってしまうのです。授業で初見だったらなおのことです。

　発達段階とも関係があるのでしょうが、特に、高校一年生と三年生では理解度に雲泥の差があります。主人公と自分とを切り離せるかどうか、というのは、大きな分かれ目になります。

　それは、論説文において、筆者と自分と（試験問題作成者と）を分けて考えられるか、ということにもつながります。

⑤　板書について

　大学で、学生が板書をすることは稀だと思います。

　高校でも、ＩＴの発達した今、なぜ板書か、という方もいます。しかし、ＰＰＴ（パワーポイント）のプロジェクター投影だと、確かに注目はしてくれるのですが、見ているだけに陥りがちです。つまり、生徒たちは見て分かったと思ったら、メモも取らず、それで終わりになってしまうのです。

　もちろん、視覚優勢で、視覚が写真のように記憶に残る人はそれでも大丈夫でしょうが、一般には年齢とともにそういう能力は落ちていくので、小学六年ぐらいならば記憶鮮明でも、高校二年ぐらいだと、写真のように画像記憶が残る人のほうが少ないでしょう。全員が山下清画伯ではないのです。

　教員が手書きした部分だけ、または自分の理解できたことだけ、ノートに書く人も珍しくありません。「学ぶ」は「まねぶ」からきているといわれているように、写すのも一つの勉強です。

　実際、ノートを集めると、こちらが指導した通りできない人が多いことに驚かされます。字そのものも、気を付けるように注意していても、末か未かわからないような字を書く人も多く、ひらがなも「か」か「や」か判然としない字を書いて、答案で×をもらうと、「これが私の「や」なんです！」と主張する人も出ます。だから実際に書いて、「ここに注意！」というには、プロジェクターだけでは無理なのです。

　しかし、初めて黒板にチョークで書いたり、ホワイトボードに専用マーカーで書いたりすると、その書きにくさに驚くと思います。板書構成だけでなく、わかりやすく見えるようにチョークで書くこと自体、それなりの練習が必要になります。

　特に、字の大きさは、気を付けなければなりません。人によるのですが、私自身は体調が悪い時、次第に字が小さくなっていくので、時々離れて後ろからチェックします。

　漢文では、ひらがなより大きく書かないと後ろでは見えません。漢文では、縦１０センチ、横１５センチぐらいの字を書くようにしています。それでも画数が多い字は、もっと大きく書いてくださいと言われ、20センチ角ぐらいにして書きます。

　また、板書では、書いてから読み上げるのはよくありません。教員が黙って黒板に向かうことになり、そうなると、生徒たちは手持無沙汰なうえに、おいてきぼりを食ったような気持ちになるので、板書している教員の背後でざわざわし、次第に騒ぎはじめます。ですので、まず読み上げてから、生徒たちのために、書いて見せるべきです。

　なお、板書が不要な場合もあります。それは、生徒たちが、聞き取りだけで全員確実に誤字なくメモが取れる場合です。大学や企業では当たり前のことですが、高校生は、なかなかこれができません。

　また、色チョークは効果的ですが、強度の色覚異常だと区別はつきません。赤緑色覚異常を知っていますか。高校では一度、色覚検査が廃止になったことがあるのですが、近年またこの検査が復活しました。就職時に初めて色覚異常が判明して、例えばパイロット・航空管制官・鉄道などの運転士・警察官・自衛官・消防士などのように色で区別する場合があるので色覚異

常不可というように、制限のある仕事に就けないという問題が起こったからです。

　色覚異常統計によれば男子20人中１人、女子は500人中１人の割合でいる（参考：色覚啓発教材「学校関係者のための学校における色のバリアフリー」公益法人日本眼科医会）といわれ、中でも赤緑色覚異常は、男女混合クラスならば４０人中一人ぐらいの割合でいることが知られていて、意外にありふれたものです。当人は生まれたときからなので、他の人と違って見えているとは思っていないことが多く、全然気づかない人もいます。

　高校で色覚異常の生徒にどういうふうに見えるのか聞いたことがあります。その人は「赤も緑もグレーというか同じ色に見える」と言いました。ただし、見え方は、人によっても違うそうです。

　特に、黒板は、非常に古いもの（昔の黒板は本当に黒いものもあった）を除けば、通常は黒ではなく深緑色の板なので、赤は見えにくいはずですが、これも人によります。

　大学で、板書に色チョークを駆使した研究授業に関して、赤緑色覚異常の話をしたところ、授業後、「自分もそうです」と申し出た学生がいて、その学生は「（発表者は）赤の傍線と青の傍線で区別していると先生はおっしゃいましたが、どちらも同じに見えて、言われるまで気が付きませんでした」と言いました。つまり、この学生は深緑色の黒板の上の赤の傍線は見えても、赤と青の区別はできなかったわけです。

　この他、強度の近視の人は、雨の日など暗い時に、深緑の黒板に赤色が沈みこんで見え、色は見えても、字としては読みにくいことがあります。

　というわけで、色チョークは見えやすい黄色を主に使いますが、赤や青を使うときには、単なる飾りに使うか、波線や破線や○など、違う使い方にします。

⑥　繰り返しについて

　大学で、特に教職志望のクラスでは、研究授業に何かしら問題があっても静かに聞いていますし、講義でも一回で聞き取ってくれますが、高校ではそうはいきません。

　高校で人数が多く、体育の後の授業など、あまり集中していないと思われるときには、重要な言葉を何度か繰り返して言うことがあります。特に、ＡＤＨＤ傾向の生徒が多いときは、数回繰り返しても聞いていないことが多いので、（これは怪しい）と思ったときには指名して、「今、説明したのですが、聞いていましたか。私はどう言いましたか」と尋ねてみます。

　昔から、全体に向かって話しても、自分のこととして聞いていない、テレビの音声のように聞き流している生徒はよくいます。そういう人は、視覚優勢であることが多いので、もう一度言って確認した上で、書いて示すことになります。

　逆に、聴覚優勢の人もいるので、同じ言葉を繰り返すと、「もういいよ」と言われてしまうこともあります。聴覚優勢の生徒は、一回聞いただけで覚えてしまうのです。

　ただ、聴覚優勢でも、生徒によってはすぐ忘れることも多く、「聞いてない（見ていない、ではないところがミソ）」と開き直られることもあるので、板書やペーパー、ＩＴデータなどで、予防線を張っておくことが必要になります。試験範囲は特にそうです。また、試験であまりにで

きていないので、言うのを忘れたのかと思ったら2〜3人ノートに書いていて、『やっぱり教え
ていたんだ』と思うこともあります。

　いずれにしても、高校では、一日中「一回で聞け！」というのは、酷な話で、大事な言葉を
2〜3度繰り返したほうが無難です。

　以上のように、大学にいて、高校の授業を想定して準備することは、高校の現場を知ってい
る人がいれば、可能です。

　しかし、実際に高校の教壇に立たないとわからないこともあります。それで教育実習という
ものがあるわけです。それで次に、教育実習に行く前の話からしていきたいと思います。

2―教育実習に行く前に

　教育実習は、ふつう一年前の予約を必要とします。これは、教科書の注文と関係していて、検定教科書は受注印刷であり、数が限られているためです。

　教科書注文の流れとしては、前年の五月中に教科書を校内で決め、八月中旬に高校教務部の教科書係が、教科書ごとの必要予定数を、教育委員会に報告します。転校生などの分は、2～3月に教科書取り扱い書店と調整します。このように検定教科書は、受注印刷で必要数しか作られないため、一般の書店では販売していません。

　しかし、教育実習で教科書がないのは困りますから、かならず前年度に申し込みをするシステムになっています。

　実習生が教科書をもらいに行くのは、挨拶を兼ねて、実習の一か月前ぐらいです。

　そして、教育実習中に扱う教材が決まった一・二週間前ごろに、打ち合わせに呼ばれます。

①　学校に向かう前に

　歴史の古い高校の卒業生で、母校に実習に行くなら、同窓会報が役に立ちます。教員の異動、校舎の改築、進学実績など、自分が卒業してからの母校の様子がわかります。また学校ＨＰのように、対外的に発表されていることは目を通しておきましょう。何に力をいれているのか、に注目します。これは、挨拶の際に使えます。

　つまり、「よろしくお願いします」だけではあまりに愛想がないので、何か相手（教育実習生の受け入れ高校）側の良い情報について言及するのです。喜ばれますし、印象もよくなり、よいコミュニケーションにつながります。

　中学に行くことになったり、統廃合で卒業した学校とは異なる学校に行くことになったりした場合でも、最近はどこでも学校ＨＰやブログなどが義務付けられ、充実しているので、褒めどころを見ておくとよいでしょう。

②　服装などの準備

　一か月前、教科書をもらいに行くときには、挨拶をするので、きちんとした服装で行きます。リクルートスーツでいいと思います。

　なお、挨拶のときは合い服で十分ですが、教育実習の六月は夏服です。教室に冷房が入るようになった今でも、夏は汗でどろどろ、長袖の袖口は黄色チョークで染まります。予算の関係で七月までエアコンが入らない学校もあるので、白い半そででカッターなどの洗い替えの用意も必要です。余談ですが、校長・教頭・事務長といった管理職の服装はよく見ておいてください。一般に、教員には明文化されたドレスコードはないのですが、管理職に関しては統一したドレスコードがあるとしか思えません。どこの職場に行っても似たような服装をしています。

　鞄はリクルート用ビジネスバッグがあればいいでしょう。体育会系ならばスポーツバッグ、最近ならバックパックでしょうか。

　靴もビジネス用です。二足制の場合、挨拶には外来者用スリッパでも許されますが、実習中は、体育館シューズ風の上履きを用意します。生徒の上履きがスリッパの学校もありますが、実習生はパイプ椅子と筆記用具・教科書・実習ノートなどを持って階段を四階まで移動するなどしますし、睡眠不足でつまずいたり足を滑らせたりすると危険です。中学などで見る上履き用のバレエシューズは安価ですが、不向きです。高校の生徒たちは体も動きも大きいですし、荷物も多くて、ぶつかったり足を踏まれたり荷物につまずいたりしやすいので、やわらかいシューズでは足指や爪の安全が保証できません。

　ちなみに、男性の実習生は意外に室内競技用の体育館シューズを持って来て、昼休みに生徒たちと遊んだりしているのですが、女性はそういうことを想定していないことが多く、行事で体育館に行ったときに、靴下はだしにならざるを得ず、冷えたりストッキングを破ってしまったり靴下が真っ黒になったりするので、体育館シューズも用意しておいたほうが無難です。

　傘も「降らずとも傘の用意」です。しかし、学校玄関の傘立てに入れるのは止めましょう。校内合意で、貸し傘を立てている場合もあり、そうでなくても、たまに無くなります。

　こういった、服装や靴などにまつわることは些細なことではありますが、実習期間中には無いからとか注意されたからと言っても、急に買いに行ったりできませんし、神経や体調にも響くので、あらかじめ気を配るにこしたことはありません。

③　挨拶

　ご挨拶に伺うことは非常に重要です。一般的には、指導教員とこれまで習った先生や担任の先生、かつて所属したクラブに挨拶に行きます。現役で教員採用試験突破を考えているならば、校長先生にご挨拶しておくといいでしょう。事務室を通じて校長先生に会えるかどうか尋ねる必要がありますが、人事権を持っているのは校長なのです。校長は研究授業の見学には必ず見に来られ、校長の推薦がなければ採用されないとまで言われていました（ただし令和7年度大阪府公立採用選考テストから常勤講師経験者について「校長・市町村教育委員会評価制度の廃止」という一項が入りました。ホームページ「令和7年度大阪府公立学校教員選考テスト（令和6年度実施）からの主な変更点について」を参照して下さい）。

　したがって、挨拶は、教育実習を円滑にすすめるためや、採用試験のため、人間関係を作っていく第一歩と言えます。

　教育実習自体、実習費として謝礼を払っているとはいえ、教員免許も持たない者が初めての授業をするわけですから、腰を低くし、言葉を丁寧にして、全然これまで知らなかった先生からもアドバイスしてもらえるように人間関係を作っていきましょう。

④　指導教員との打ち合わせ
＊指導教員

　教育実習生の人数が多いときには、実習一か月前に指導教員がまだ決まっていないこともあります。教育実習生が少なければ、一か月前には顔合わせはできるでしょう。

　指導教員は管理職から委嘱されますが、それには条件があり、同じ教科の教諭であること、高校一年の担任を持っていること、当人が承諾していることなどがあげられます。

　ただし、一学年八クラス規模ならば、一学年に国語の教諭は通常二人いればいいところですので、国語科に三人以上の教育実習生が来た場合、三人目は副担などの国語教諭が教科の指導教員になり、HR指導については、第一学年の他教科の担任に指導していただくことになります。つまり、教育実習では教科指導に加えて、ＨＲ指導もするので、指導教員が二人になることもあるのです。

＊打ち合わせの時に

　教科については、一か月前に教科書を渡され、一週間か二週間ぐらい前、高校のほうの大体の進度が決まるので、打ち合わせに行きます。

　教科書を受け取ったとき、指導教員か一年の教科担当の先生に、今どこを教えているのか聞いておくといいと思います。実習までにその単元は終わっていますが、それは逆にいうとその単元は教育実習で教えることはない、ということです。「前に習っていますよね？」と生徒達にいうこともできます。

　さらに、可能ならば、同時に、一学期中間以後、どのあたりに進むのか、聞いておくといいでしょう。まだ決まっていないこともありますが。

　なお、現代文（科目名は『現代の国語』）、古典（科目名は『言語文化』、教科書によっては詩・短歌・小説を含む）の両方を尋ねる必要があります。国語は、一人の教員が専門とは関わりなく、現代文と古典との両方を教えます。ときどき、生徒たちは「古典の先生」とか「現国の先生」とか言ったりしますが、古典だけ、現代文だけ教えるのは特殊なことで、そういうことは、ふつう非常勤講師しかしません。

＊高校一年で教える内容

　古典であれば、一般的に、高校三年間で教える流れはおおよそ決まっています。扱う単元が決まっていないだけです。

　たとえば、三学期制の公立高校一年でしたら、一学期中間テストまでに、古文は、歴史的仮名遣いと動詞の活用を教えて、『徒然草』などの中から一～二段取り上げ、動詞を中心に勉強します。漢文は、訓点とことわざぐらいまででしょう。一学期中間試験後、つまり教育実習のころには、形容詞・形容動詞に入って、教材は枕草子や伊勢物語などが多いと思います。もちろん、これは学校によりますし、その年の教科書の教材にもよります。

　公立高校の二年では、古文では「助動詞」「助詞」が課題になり、三年になると、「紛らわしい語の識別」が課題となります。

　漢文は学校によってかなり違います。

　生徒が国公立を受験しない高校では、漢文を全然教えていないか、または旧課程の『古典Ａ』を教え、国公立を受験する人が多い高校では『古典Ｂ』の範囲を教えました。『古典Ｂ』の教材

は、新課程の『古典探究』に入っています。

　私立の中高一貫校の高校では、中学で古典文法は終わった前提で、教科書の読み物中心に文法・句法の確認をしながら進めます。しかし、外部模試の範囲の関係で、高校一年では「用言」と「助動詞」、高校二年では「助詞」と「紛らわしい語の識別」が主な課題になるのではないでしょうか。

　現代文については学校によって異なります。さらにいえば『現代の国語』は大改訂の上、令和四年から始まった科目で、どこに重点を置くのか、まだまだ手探りの状態です。『論理国語』『文学国語』『古典探究』は令和五年に初めて教科書ができたばかりです。

＊古典文法

　古典文法は、古文・漢文両方に必要です。漢文は古語で読むためです。

　大学生であれば、入試に出るような助動詞・助詞などの問題は解けるけれども、動詞の活用は忘れてしまった、あるいは、入試科目に古典がなくて古典文法がそもそもわからない、苦手だという人もいるかもしれません。また、古典が得意でも、なんとなく文法問題が解ける、なんとなく解釈できるというようなタイプの人は、教えるときに活用表を覚えなおす必要があるかもしれません。たとえば、下二段動詞で、終止形が一文字になる「得（う）」「経（ふ）」「寝（ぬ）」などは、用言が高校一年の課題ということもあって、教科書にルビがなく、読み間違いも多い動詞です。復習しておきましょう。

　でも、もうすっかり忘れたとか、全然だめという場合には、簡単な問題集などを一冊解いておくといいでしょう。古文では『高校／古典文法　基礎をしっかり固めるトレーニングα』(受験研究社)、漢文句法では『高校／漢文　基礎をしっかり固めるトレーニングα』（受験研究社）がおすすめです。

3―指導案の前にすること

＊予習（教材研究）

　教科書を持ち帰ったら、教科書の中身をざっと見て、予習を始めます。

　予習（教科教育法的には「教材研究」）は必ずしておかなければなりません。少なくとも一学期に扱いそうな教材に関して、古文は主な部分の品詞分解と全文の現代語訳、漢文は書き下し文と現代語訳を用意しておきましょう。解釈本からコピーしてファイルしておくだけでも全然違います。

　現代文（『現代の国語』と『言語文化』の小説）については、最低限、漢字の読みと単元のまとめや脚注の問の答えを用意しておきましょう。

＊ノートとPPT

　これまで予習や下調べといえば、高校のときのようなノートを作っておくのが一般的でしたが、今なら、PPT(PowerPoint）で脚注の問や「学習の手引き（学習のまとめ）」の解答を用意しておくのがいいでしょう。

　ちなみに教科書のPDFは、プロジェクター投影しても生徒からは読めません。iPadにPDFを送ったらいいと思うかもしれませんが、各々読みたいところを拡大されたが最後、前で教員がどこを示しているかわからなくなり、迷子になります。

　PPTは見やすくそのまま使えて、時間も予測しやすく（1シート最大2分）、管理も簡単で、しかも転用しやすいので、実習で使わなくても、いずれ役立ちます。プロジェクター投影するためには、フォントは35〜40ぐらいで、「UDデジタル教科書体」が生徒から見やすいのでお勧めです。

　　UDデジタル教科書体　ＭＳ明朝体　MS-P明朝体　HGS教科書体　**ＭＳゴシック体**

＊予習の注意

　ただし、実習の前に本文全文をタイピングするようなことはやめておいてください。時間がかかりすぎますし、打ち間違いは致命的です。特に、ネット上から本文をとってくるのは言語道断です。教科書本文は、教科書によって漢字や句読点の位置が違うからです。

　例えば、『伊勢物語』では次のようなことになっています。

1.　143筑摩　言文712　『言語文化』

「昔、男ありけり。その男、身をえうなきものに思ひなして、京にはあらじ、東の方に住むべき国求めに、とて行きけり」（「本文は『日本古典文学全集』によった」）

2.　2東書　言文702　（15　三省堂　言文703　『精選言語文化』も同じ）

「昔、男ありけり。その男、身を要なきものに思ひなして、京にはあらじ、東の方に住むべき国求めにとて行きけり」（「本文は『新日本古典文学大系』によった」）

3.　183　第一　言文714『精選言語文化』・713『言語文化』・715『標準言語文化』

　「昔、男ありけり。その男、身をえうなきものに思ひなして、京にはあらじ、東の方に住むべき国求めにとて行きけり」（「本文は『新日本古典文学大系』によった」）

　同じ『新日本古典文学大系』に拠っているといっても、「えうなきもの」が「要なきもの」と漢字があてられていたりいなかったり、底本が違うと、句読点の位置が違ったりします。教員がどうでもいいと思うと、真面目な生徒が混乱します。

＊配布プリントについて

　生徒用配布プリントに、本文全文を載せることは避けてください。配布プリントに本文全文が必要なのは、生徒たちの大半が教科書を持ってこない学校だけです。

　教科書を持ってくる学校で、本文全文の載ったプリントを作れば、誰も教科書を見なくなり、持ってこなくなります。教科書には用言活用表も助詞の意味も載っていますし、挿絵や写真など、たくさんの情報が載せられています。使わない手はありません。

　ちなみに、試験などで、どうしても本文データが欲しい場合には、教諭や講師に採用されれば、教員用指導書の電子データを使えますので、全文入力などする必要は、今後ほとんどないのです。

　また、教員採用試験などでは配布プリントはない前提で模擬授業をしますので、プリントなしで教えることを練習しておいたほうがいいと思います。

＊穴埋めプリントについて

　内容のまとめなどのための穴埋めプリントは、一見、楽そうに見えますが、生徒に解かせると、違う（　）に別の答えを書いていることも珍しくなく、また、答え合わせをさせると、間違っているのに○をつける、ということも少なくありません。しばしば生徒たちは、内容はどうでも良く、○さえついていればいいと思って、ちゃんと見ていないのです。しかも自分で管理できず、紛失します。

　そういうことがわかると、つい毎回集めたくなりますが、それは教員にとって大変負担になります。集めた以上は、内容と出来栄えを見て、プリントに判を押し、提出状況を記帳して、返却しなければならないのです。判もコメントもないと、提出物のチェックをしている時に電話や呼び出しなど、急に邪魔が入っただけで、どこまで見たのかわからなくなり、返却時には生徒に「本当に見たんですか」と言われます。

　ただ、無記名は珍しくありません。書いていてもサインもどきで、まったく読めない記名や、出席番号間違いも去年の学年のを書くなど、よくあります。複数無記名があると、いくら尋ねてもどれが誰のかわからないこともあります。

　ちなみに、超進学校で国語の穴埋めプリントは、ナンセンスです。彼らは、自分で考えを展開させなければなりません。よほど時短が必要な時以外は封印すべきです。

4―指導案について

＊指導案例の集積

　指導案は、教科教育法を受講している間に指導案例を集めるのが理想ですが、学部生ではアクセスしにくい論文集に載っていたり、やっと見つけても、その指導案の対象クラスの学力レベルが高すぎるなどして、意外にそのまま使えないことも多かったりします。ですので、同級生が書いたものを集めて、教員が注意したところを改め、自分ではできないところを、自分がやりやすいように書き換えておくといいと思います。

　私自身は、若い時には他人と同じにできるとは到底思えず、他の人の指導案を見ても「これはできないわ」と思ったとたんに興味を失い、コピーも取らず、参考にもしなかったのですが、後から考えれば、オリジナルをゼロから作り上げようとする方が時間の無駄でした。

　教えるのには、何らかの型があるのです。大西忠治氏しかり、向山洋一氏しかり、堀裕嗣氏しかりというところでしょうか。≪発問≫≪指示≫≪説明≫ですね。堀氏によれば、「発問のない授業はあるが、指示・説明のない授業はない」ということで、確かにその通りなのですが、数学や理科ならともかく、国語は発問なしでは非常に退屈で、まったく考えない授業になりますし、指導案も書きにくいのです。

　それで、初めて指導案を書く人には、大西忠治氏の受け売りで「発問を打て！」と教えています（大西忠治『発問上達法―授業つくり上達法 PART 2―』（民衆社、1998））。

　最初に発問で大きな疑問を投げかけ、途中で難しそうなところで二つ目の発問を投げ、最後に次につながるような、ずっと考えさせるような発問ができればいいでしょう。

　大学二〜三年で指導案の練習をするのには、まず自分が高校一年に使った教科書の、実習時期に習った単元で書いてみます。時期的に教えることは同じなので、使えます。

　もう教科書を持っていない、という方は、都道府県の中央図書館の教科書センターに行ってみて下さい。令和4年に奈良県立図書館の教科書センターはコピー・貸出不可だったと聞きましたが、大阪市立中央図書館は貸出不可ですがコピーできました。

＊教育実習前

　教育実習前に教科書をもらった段階から、実習で扱いそうな各教材について予習を基に、指導案を用意し始めます。教科書によって、本文の漢字の宛て方、設問や脚注など、内容が違いますので、気を付けてください。

　この段階ではなかなか想定しにくくて、指導案を書きにくいものですが、空欄が多くても、単元の指導案フォーマット（書式）を用意するだけで、次にすることがはっきりします。

　大学の教職の単位になるため、大学によって教育実習ノートなどで書式が提供されますが、それ以前に書式がわかっている場合は、大学指定の書式で書いていきます。

＊指導案の書式

　指導案は、元来、「単元指導計画（一つの単元全体を何時間で各時間にどういう指導をしていくかの計画案）」と、一単元にかける時間数分の「本時の展開（一コマだけの指導案）」から成ります。したがって、あらかじめ作るときには、一つの「単元指導計画」について、各時間数分の「本時の展開」を書いていくことになります。逆に言えば、「本時の展開」の積み重ねの結果をまとめたものが「単元指導計画」です。

　ただ外部に示すときには、（一番見せ場の）一コマだけの授業について研究授業をするため、『羅生門』であれば『羅生門』という単元についての「単元指導計画」を示し、その見せ場の第Ｘ時の授業を「本時の展開」として示すことになっています。

＊指導案の詳細
　次に、一般的な指導案の書式で、一つずつ何をどう書いていくかを示したいと思います。なお、これは現場で教育実習の指導教員をした立場からのもので、学問的な研究授業のためのものではありませんし、またトップクラスを対象としたものではないことを、あらかじめお断りしておきます。

１　対象
　対象クラスは行くまで不明ですが、よほど教育実習生が多くない限り、高二や高三を教えることはありませんので、第一学年　　組　　○○名としておきます。一クラスの入学定数を知っていれば、定数＋留年生数（または同点端数人数等）になります。現在、高校の定数は４０名程度です。

２　日時
　「令和Ｘ年六月○日　○曜日　第○時限目」というように、これも決まっていないところは空けておいて、書けるところは書いてしまいます。Word等で書いておけば、いくらでも後で調整できます。

３　場所
　「○○教室」。一年○組教室が普通ですが、Ｎ３０１教室（北棟の３階の１番目の教室というネーミング）等、学校によって呼び方が違います。校長・教頭や大学の先生が必ず見に来られるので、そのためだと考えてください。なお、特別教室の使用は予約が必要です。

４　生徒観
　そのクラスの生徒の授業上の特色を書きます。高校の研究授業では、しばしば省略されます。見学の教員向けに配布の際、授業途中に来る教員のために、指導案プリントを入口付近の棚の上などに置くことがよくあり、その時に生徒の目に触れる、という問題があるからかもしれません。

5　単元名（教材名）

『枕草子』とか『水の東西』とか、想定される単元を書きます。

6　単元について　（教材観）

あまり悩むところではありません。教科書会社のサイトに載っている教科書紹介のリーフレットの、教材についての解説をまとめるといいでしょう。時期的にサイトに上がっていないこともあるので、そういうときは、教科書の「目次」や単元の「学習のまとめ」「文法事項」などを見て、この単元・教材で生徒に何をさせたいのかを考えます。文学史・文法・内容把握などの観点です。

7　単元目標

一文程度で簡潔に「〜ができるようになる」などと書きます。

8　単元の評価規準

ここでは①知識・技能、②思考・判断・表現、③意欲・態度について、各々簡単に述べておけばいいでしょう。

9　単元指導計画

単元目標を達成するための指導計画ですが、基本的に、その単元の時間配分を書くことになります。

現役の教員でもなかなかきっちり計画通りにはいきません。だから、最初のうちは完全に机上の空論ですが、それでも、計画案を作ってみて、実際に指導したらどこで時間を取られるか、ということを知るのは、自分の計画の甘さがどこにあるのか知るために重要です。

１０　本時の目標

単元の目標同様、一文程度で簡潔に「〜ができるようになる」などと書きます。実際には教えているときに、目標が複数あったりもするのですが、ここではとりあえず「高校生として絶対にこの時間でこれを覚えて下さい」というような学習内容を書いておくべきでしょう。研究授業で、目標を高く掲げておいて達成しなければ、その授業は失敗になってしまいます。欲張らないことです。

１１　本時の展開

表を作って、導入○分・展開○分・まとめ○分について、それぞれ、「指導内容」・「学習活動」・「指導上の留意点」を書き入れます。

他にも「指導形態」・「教材教具」・「評価」の項目を立てることもありますが、国語の場合は

座学ですので、「指導形態」で問題になるのはグループワークなどしかなく、「教材教具」も体育や理科の実験のように複数の運動具や多数の器具を使うわけではないので、指導内容や学習活動の中に入れ込んでしまうことのほうが多いでしょう。

　気を付けなければならないのは「学習活動」を≪生徒の立場≫から記述する点です。

　また、「指導内容」に説明だけでなく、発問や指示など、教員の言葉を入れておくと授業がしやすくなります。特に発問は最低三つ考えておくとメリハリがつきます。

＊指導案を作成する理由

　指導案、その中でも「単元指導計画」は特にどうしても机上の空論になるのですが、多少無駄になっても、さまざまな単元教材の指導案フォーマットを作っておくだけでも、教育実習中に楽になります。

　塾や家庭教師などで腕を振るってきた方は、「指導なんて、その場ででもできる」「実習中に指導案は書ける」と自負されていると思いますが、高校の教壇に立ったとき、考えなければならないことがたくさんあって、頭が真っ白になることも多いので、研究授業や教育実習では、その場や実習期間中に指導案をゼロから構成するというのは無理があります。

　もちろん、実際のところ、現場の教員は毎回指導案を書いているわけではありません。余裕のあった昭和の昔は指導案を何枚も書く方がおられて、積み重ねた高さが30センチある更紙に手書きで書かれた『羅生門』の指導案の束を見たこともありますが、それは研究のためで、慣れた学校で授業をするだけなら、指導案を書かなくても、予習さえすれば、生徒達の反応を見ながら、教える型やパターンができてくるものです。

　ただ、転勤したときには、学校の方針も生徒たちの能力も異なって、前の勤務校のパターンが使えないので、最初のうちは指導案を書くほうがいいでしょう。指導案を書くと、発問や時間配分などに困りません。

　したがって、教育実習生のように、これまで４０人程度のクラスでの授業をまったくしたことがない場合は、必ず指導案を書かなければなりません。ぶっつけ本番では、生徒たちも迷惑ですし、実際、時間を余らせたり、途中でわからないことが出てきたりして、教壇で立ち往生します。

　そもそも、教育実習は、大学側が用意した教育実習ノートに指導案を書き入れ、指導教員の添削を受け、完成した教育実習ノートの大学への提出が義務付けられています。

　そして、教育実習中に、指導教員に添削されたら、毎日書き直す時間も必要です。ただでさえ教壇に立って教えること自体、体力の必要な仕事なので、教育実習期間中に家でできることは限られます。ですから、あらかじめ指導案を書いておくにこしたことはありません。たとえ、他人の指導案で、あまり気に入らなくても、大学二年三年の頃から数を集めておけば、参考にでき、徒手空拳で教育実習に臨むよりずっといいでしょう。

　文学部であれば、指導案などの考え方に慣れていない方も多いと思いますが、それならばなおのこと、あらかじめ集めたり書いたりしておかないと、教育実習中に一から書いていたので

は、まったく眠る時間がなくなります。前もって Word 等で打っておけば、そのままは使えなくても、アレンジして使えます。

＊研究授業と「本時の展開」

　研究授業がどういう目的によって行われるかによって、「単元指導計画」と「本時の展開」の両方の提出が必要なのか、「本時の展開」だけで良いのか、異なります。

　しかし、実際の研究授業に必須なのは「本時の展開」です。高校では座学の教育実習生が二週間しかいないことを知っているので、指導教員も校長も皆、「単元指導計画」が絵に描いた餅だということを知っています。教員としての資質が判断されるのは「本時の展開」なのです。

＊授業の小道具の準備

　近年、推奨されているアクティブラーニングを行う場合や、「活動のてびき」等にあるような「話し合い」を行わせる場合は、話し合いの結果発表をさせるためには、なんらかの準備が必要です。

　iPad が生徒に配布されているので、それで結果を示すという方法もありますが、セキュリティのためガチガチに制限が入っていて、教育実習生が学校用教育アプリの「Classi（クラッシー）」や「ロイロノート」などに入れるとは限りません。個人情報保護やトラブル防止の観点から、他人のＩＤ・パスを借りることも避けるべきです。

　昔ながらのポスター掲示発表方式でするならば、学校は年間予算で動いているため、例えば模造紙やポスターカラー（マジックは不可）などは、実習生の自腹になります。何の準備もないなら、それも無理です。しかし、せっかくだから実習中に生徒たちにやらせてみたいと思っているなら、あらかじめ自腹で八本ぐらい（40 人÷5 人＝8 グループ）の黒のペン型ポスターカラー（商品名ポスカ）と模造紙をグループ数×クラス数の枚数と古新聞（机の汚れ防止）、タイマーや掲示用の磁石を用意しておくのも悪くはありません。それはそれで、良い経験と財産になります。紙以外はずっと使えますから。なお、文化祭等ではマジックインキを使うこともありますが、マジックインキは、はみ出た場合に消すのが大変なので、授業では避けます。

　なお、顔の広い実習生ならば、クラブや元担任の人脈を総動員して、使っていない余りの消耗品を使わせてもらうという方法もあるかもしれませんが、後のお礼も大変ですし、そもそもクラブ活動費や文化祭・体育祭等の消耗品費は生徒の私費から出ていますので、流用は感心しません。

　自腹でも、グループワークは成功すれば派手で効果的なので、試してみる価値はあります。

※現場での「単元指導計画」

　実際に高校で教え始めると、「シラバス（年間計画）」にある程度縛られるので、次の定期考査までの授業時間数を数えて、教える単元内容で分割していくことになり、その分けた時数で教えられることを考えていくことになります。

　もちろん、定番中の定番である、中島敦『山月記』や夏目漱石『こころ』などは、かなり時数を取られるのですが、教えどころが決まっているので、結局はどこを端折るかという問題になります。

　年間計画が各教員の自由裁量だった頃、丁寧に読み解く教員の『こころ』は、全体の構成を説明するのに時間がかかりました。元々の主人公の話や先生について説明していると、「先生と遺書」では「私」＝先生だということも教えなければなりません。高校では「先生と遺書」の大学図書館からのKとの散歩とKの自殺がメインになるのですが、夏の房州旅行で一回目の「向上心のないものはばかだ」と出てくる話をしていると、年明けのカルタ取りないしは大学図書館にたどりつくまでに、展開通り年越しということもありました。

　なお、教員用指導書には、単元指導計画案が載せられていますが、指導書は大学生・大学院生のアルバイトが書いているという話も漏れ聞こえてきますし、以前は設問と解説がミスマッチのこともたまにあったので、まったく使わない教員もいます。それに、そもそも内容的に使えそうだと思っても、学校によっては指導書に書かれている単元指導計画の予定時数の1.2 〜1.5倍の時間がかかるので、時間配当から言っても、指導書に載るそのままを使うことは無理なのです。

　ですから、教育実習生が本当の意味で、現場に即した「単元指導計画」を書こうとしたら、その単元を何時間ぐらいで教えるのか指導教員に尋ねることになります。

　しかし、もちろん、指導教員はそんなことは求めていなくて、教育学的な理想の指導案か、または自分のペースで教えたらどうなるか、という「単元指導計画」の載った指導案を書いてほしいのではないかと思います。それがどちらなのかは、自分で尋ねてみて下さい。

5―教育実習

*一言挨拶

　教育実習に行って、職員室で教育実習生代表が挨拶したり、あるいはグラウンドでの朝礼で全校生徒に教育実習生として挨拶したりすることがあります。

　いずれ、新任になれば赴任校の職員会議で挨拶や自己紹介をしなければならないので、まず第一歩です。悪目立ちせず、むやみに個人情報を出さず、教職員に対しては「卒業生で第〇〇期の〇〇です。よろしくお願いいたします」、生徒達に対しては「一緒に勉強していきましょう」など、そつなく挨拶ができるように考えておきます。

*実習中の予定

　二週間の教育実習であれば、ふつうは「最初の一週間は見学をしてもらって、後の二週間は研究授業をしてもらいます」と言われるので、およそ8時間から12時間ぐらい研究授業をすることが多いのですが、必ずしもそうとも限りません。私自身は一週間前の打ち合わせで「最初の一週間は見学して……」と言われていたにも関わらず、教育実習の一日目に「さあ、今日から授業してください」と言われて、驚いて固辞し、一日目は見学になりましたが、翌日から授業をして、教育実習中に結局24時間授業をしました。研究授業には指導案が必須ですので、指導案も24時間分書きました。だし、一コマ分、間に合わなくて、一度だけぶっつけで授業した覚えがあります。ちなみに、同内容の授業でもクラスごとに、指導案を書くように指導教員に言われていたのですが、それは大学に戻ってから、他の学校へ教育実習に行ったクラスメイトに驚かれました。ふつうはそういう場合、別には書かないようです。

　一般的な高校教員の持ち時間数は、担任16（＋HR）・副担17、または担任17（＋HR）・副担18です。実習生が、どのクラスのどのコマを教えるかは、指導教員の指定になります。

*控室

　控室はたいてい会議室です。一日の最後に退出する実習生は施錠し、鍵を職員室か事務室へ返します。授業中は施錠しないと思いますが、まれに誰もいなくなることもあるので、貴重品には気を付けてください。また、職員会議のときには会議室を追い出されますので、職員会議の日は要確認です。校内の予定はたいてい大職員室の教務黒板に書かれています。

*一日のルーティーン

　朝、指導教員のところに伺い、挨拶して教育実習ノートを提出し、いつ受け取りにきたらよいかなどを尋ねておきます。その後、授業見学かまたは研究授業にいきます。空き時間には、時間割を見て、授業見学の許可（知っている先生でも勝手に見に行ってはいけません）を得て、授業見学に行きます。見学はパイプ椅子を持って行って後ろで見ます。教員によっては、生徒たちに紹介してくれますので、簡単に挨拶します。

　授業見学も研究授業もない空き時間には、教育実習ノートを書いたり、教材研究をしたり、教育実習生同士で情報交換したりします。

　終礼があるならば、ショートホームルームに指導教員とともに行きます。その後、放課後の教室清掃などの指導をして、クラブ活動があれば、見に行って参加します。

＊指導教員を探すときの注意

　教員は、時間割に授業がない空き時間だからといって、職員室の座席に必ずいるわけではありません。教員には、分掌会議（教務部・進路指導部・生徒指導部（生活指導部）・生徒会指導部・保健部などにそれぞれ所属しています。会議は時間割に書かれていることもあります）や各分掌での役割分担の当番（これは教務部の出している時間割には書かれていません）があり、例えば、進路指導部ならば、大学・短大・専門学校、就職者がいるなら企業からも学校訪問に来るので、その応対をするため進路指導室または応接室などにいたりします。当然、そういう時には、教育実習生の相手はできません。

　したがって、朝に教育実習ノートを持って挨拶に行ったときに、今日はいつなら時間があるか、教育実習ノートはいつ受け取りに来たらいいか尋ねておく必要があります。

　職員室にいる他の先生に指導教員の居場所を尋ねても、それぞれ分掌の仕事や授業ですれ違っていることが多く、たとえ隣の座席の教員であっても指導教員がどこに行ったか知らないのが普通です。待っていても時間の無駄なので、会えなかった場合どうするか指導教官と事前に決めておき、急用の時はメモなどで伝言を残すしかありません。

　いずれにしても、職員室に行くときに手ぶらは禁物です。最低限、メモ用紙とペンは持っていきましょう。

＊指導教員の指摘

　教育実習中、全然何も指摘しないで、「勝手にやっておいてください」という指導教員もいたと、同級生や同僚から聞いたことがあります。それで教育実習が楽で楽しかったと聞くとうらやましかったものですが、厳しい教員に当たって、逐一注意されたとしても、それはそれでいずれ財産になるでしょう。その時注意されたことは、後にあなたの調子が悪いときに、いつでも出現する欠点なのです。

　今でも覚えている注意は、(1)「こちらの指示通り、なぜできないのですか」、(2)「ふつうは二回目三回目の（リピートの）授業のほうがだんだん良くなるものなのに、だんだん悪くなっていますよ？」、(3)「思い付きで言った時に間違いが多いです」などでした。

　(1)「指示通り云々」の中ではっきり覚えているエピソードは、あるクラスの授業について「普段目立たないＡ君が、今回特によかったので、名前をあげて褒めてください」と言われたのですが、私は、授業中にその生徒の目を見つめて褒めはしたものの、名前をあげませんでした。指導教員には「なぜ名前を言わなかったの？せっかくいいところをあげたのに」と強く叱られましたが、自分の学生時代の経験で、普段それほどできないと思われている人や地味で目立たな

い人が名前を挙げて褒められると、クラスメイトから裏で皮肉をいわれたり、面と向かって嫌味を言われたりしていたのを見たことがあったので、名前は言いたくなかったのです。理由を言わない私に指導教員はいらついて怒鳴り、学校で叱られたことがなかった私にとってはちょっとした恐怖体験でしたが、自分のこだわったことについては、ちゃんと説明すべきだったと今でも思います。

(2)「二回目三回目の授業のほうがだんだん良くなるもの」らしいのですが、私は同じ内容を違うクラスで繰り返すと、スポンと"抜け"が出ます。すべき説明を飛ばしてしまうのです。長い間の経験で、原因はわかっています。前の授業の記憶が残っていて言ったつもりになっているのです。教育実習を指導教員として何度か見てきましたが、そういう人は確かに見たことがありません。短期記憶の問題のようです。説明にPPTを使い始めてから、大幅な抜けはなくなりましたが、そのかわりPPT準備にやたら時間がかかるようになってしまいました。

(3)「思い付きで言った時に間違いが多い」というのは、初心者のやりがちなことです。教壇に上がるとハイテンションになって、ふだんしないような思い違いや言い間違いをします。しかし、大学で教職志望の学生たちを教えていると、アドリブを繰り出しても、まったくそういう間違いのない、安定した人もいます。そういう人は、クラブ活動などで人をまとめたり、人前で話したりすることに慣れているか、または相当練習してきた人です。資質もありますが、それ以上に経験がものをいいます。

このような自分の特性からくる欠点は、誰しも何か持っていて、努力すればカバーできます。しかし、特性は基本、一生変わらないので、指摘されたことはいつでも役に立つだろうと思います。

＊授業アンケート

教育実習の最後の授業で、授業したクラスの生徒たちにB6ぐらいの白紙の紙に感想のアンケートを書いてもらうといいと思います。これは教育実習生の任意なので、してもしなくてもいいことですが、割と的確に書いてくれるので、私自身はとても役に立ったという記憶が残っています。

ちなみに、教諭だった時も、学年の終わりに必ず授業の感想を書いてもらっていました。大体どこの学校で書いてもらっても、良いことだけ書いてくれる人がいるかわり、とても批判的でシニカルな人もいて、おおむねバランスは取れるのです。

＊教育実習後

最終、教育実習ノートを指導教員に預けて、コメントや確認の押印かサインをもらい、一週間後ぐらいに受け取りに行ったと記憶します。こちらが指導教員だった時、実習生の大学が遠方の場合は、送付したこともあります。このときは封筒と切手を預かっていたように思います。

教育実習に行った学生を見ると、教育実習で燃え尽きてしばらく大学を欠席する人もいますし、出席している人でも一週間ほど、ぼーっとしていることが多いので、終わって一週間ぐら

いはあまり大事な予定はいれないほうがいいでしょう。

6―採用試験

　採用試験は、書類審査、筆記試験、面接になります。公立の募集は教諭、私立は専任・常勤から募集が始まります。非常勤はそれが終わってからです。ただし、産休育休と病休は講師で埋めるので、そういう場合の常勤・非常勤は空きが出れば年がら年中募集されています。

　昔から SNS 等でも、体験記的な情報発信が出ているので、情報収集は前年度からしておくといいでしょう。

＊募集

　公式サイトに採用情報が出ます。

　公立の場合は、都道府県（や市町村）の教育委員会のサイト、私立の場合は、数年前までは経営母体の○○学園のサイトのほうに教員募集が出ていましたが、教員不足が言われるようになってから、学校サイトの方に採用情報の頁があるようになりました。

＊募集のしくみ

　公立は、管理職とくに校長と教務部長が相談して、カリキュラムから来年度の必要教員数を割り出す一方、転勤希望者に打診し、9 月から 11 月にかけて、来年度の教員構成を構想し、転任・新任の必要数を計算していきます。それを教育委員会事務局（現在では教育庁）が取りまとめて、採用試験を行います。

　私立は、教員が同じ年齢ばかりになってしまうのを避けるため、毎年採用していますが、経営上の問題もあり、専任教員ばかり抱えるわけにもいかないので、期限付きの常勤講師をどんどん入れ替えていく仕組みになっています。もちろん専任も採用しますが、卒業生だとか、教員からの紹介がある、常勤講師で非常に優秀などという場合のみで、人物重視です。

＊教員求人サイト

　教員募集に特化した求人サイト（教員採用 .jp、Indeed など）に募集を出している私立もあります。こういった教員採用求人サイトに登録していると、どこが募集をかけているのかよくわかります。近年では国立でも講師募集が載ることがあります。また派遣専門の会社もありますが、派遣会社からの募集は学校名が伏せられていることが多いように思います。

＊募集時期

　特記すべきこととしては、一般企業の就職活動が大学 3 年次に早まったことを受けて、公立の募集時期も次第に早まる傾向があり、令和 6 年（2024）度採用（2024 年 4 月採用）の出願期間は、大阪府立教員採用試験は令和 5 年（2023）3 月 16 日から 4 月 21 日まで、兵庫県立教員採用試験は、出願期間が令和 5 年 4 月 10 日から 5 月 15 日、奈良県立教員採用試験は令和 5 年 4 月 28 日から 5 月 22 日でした。人材確保のため、今後さらに早くなる恐れがあります。

　私立は概ね6月からですが、今後どうなるかわかりません。しかし、私立は、公立の教員採用試験の内定が出る11月頃に辞退者が出るようで、次年度募集が一度終了した私立高校でも11月以降に再度募集がかかります。

＊注意すべきこと

① 教員募集求人サイトの私立学校説明会

　　教員は人物を見ますので、準備不足のまま不用意にいかないようにしてください。私立高校の採用担当の教員に顔を覚えられたり、名前を控えられたりする恐れがあります。

② 教職関係者による聞き合わせ（人材についての情報交換）

　　公立も私立も横のつながりが強く、管理職や教育委員会の指導主事から、友人（管理職の大学の同期など）・知人（過去の学校の同僚も含む）・親族（管理職になるような人は、実家が教育一家だとか、一族に教員・管理職・指導主事がいるとかいうようなこともある）・姻戚などのさまざまな伝手を通じて、行われているように思います。私自身は教職関係者の親戚が他府県の遠縁しかいなかったので、そういった情報のやりとりがあるということを若いころは知りませんでしたが、教員歴が長くなると、「あなたは〇〇高校にいたよね、××さんって、どんな人？」と知り合いの指導主事や年配の教員から聞かれたことがあり、『こういう風に調べるのか』と思ったものです。

＊常勤講師（期限付講師）と非常勤講師の任期

　常勤の講師は、公立でも私立でも2〜3年の期限付きで、入れ替えられます。公立で、代わりに来てくれる講師がいないと予想される場合のみ、教員採用試験を受ける前提で数年延長するのを見たことがありますが、非常に稀です。

　非常勤は私立では年限の定めがある学校とない学校があります。公立では非常勤講師に任期という概念はなく、教員定数で時間割が組める時は、どんなにいい先生でも続けて非常勤にきてもらうことができません。

＊転勤・転職の見極め

　私立は一般的に転勤がありませんが、理事や管理職が変わると雰囲気が一変します。仕事ですから割り切る必要があります。同じ学校に思い入れをするのは、あまり精神衛生上よくありません。自分のキャリアを考え、次の波に乗っていく必要があります。

＊応募書類

　応募送付書類は履歴書・職歴書・志望動機などですが、履歴書・職歴書はあらかじめWord等で作っておく必要があります。予備校・塾はオンラインでデータ処理能力を確認されることもありますので、リクルート用写真もデータに取り込んでおくといいでしょう（ただし三か月以内）。

　ちなみに以前は証明写真の自動写真が不可で、写真屋に撮影してもらわないとだめだと言われていましたが、その理由の一つに写真サイズの問題がありました。今でこそ写真の大きさはPCで自由に変えられますが、準備と注意力を試されていたのです。写真屋に撮影しに行ってサイズを告げると、「ああ、教員採用試験ですね」と言われたことがあります。

　書式に関しては、公立なら教育委員会の、私立ならその学園の書式があり、サイトからダウンロードできるようになっています。昔は大学から受け取ったり、講師は管理職から受け取ったりしたものでした。

　まれに、出願書類はデータを使いまわしできないようにコピーペーストしにくい電子書式があったり、歴史と伝統のある私立は自筆つまり手書き書類を要求したりすることもあるので、あらかじめ作った履歴書等は印刷しておいて、見ながらすぐに入力や手書きができるようにしておくといいでしょう。

＊採用試験の内容

　大阪府の令和6年度教員採用試験は、一次試験が令和5年6月24日に筆記、その結果を7月7日受けて二次試験が7月12～16日のうち1日で面接、その結果を8月8日に受けて3次試験の筆記が8月中旬、面接が8月下旬～10月上旬、結果発表が10月27日となっていました（大阪府サイト「令和6年度大阪府公立学校教員採用選考テストの日程について」による）。他府県については募集要項を確認してください。

＊採用試験の変遷

　私は非常勤講師や期限付講師を続けるために平成元～4年度大阪府教員採用試験を受けましたが、当時は採用数が減っていく時期で、日程はほぼ固定でした。一次試験が7月の教職教養と作文の筆記試験、結果が8月初旬、それを受けて二次試験が8月中旬に専門教科の筆記試験と9月に面接でした。

　平成5年から生徒数減のため、その後10年以上、大阪府の国語の採用はゼロでした。

　平成4年（1992）度の倍率は一次が10倍、二次が4倍、つまり40倍でした。しかし、成績や倍率がどうこうというよりも、ちょうど校長が変わって、しかもたまたま他に採用試験を受ける講師が誰もいなかったため推薦を得られたという、ただタイミングが良かっただけです。これは謙遜ではありません。なぜかというと、平成3年度採用試験の際、校長に挨拶に行ったところ、「あなたは、数学と物理が満点だったけれど、A君も受験しているんでね、男性は生活があるからね」と言われ、『私にだって生活はある、一番不得意な科目で満点を取ってもダメなんだ』と自暴自棄になり、翌年はほとんど勉強せずに臨んだからです。

　そして、その後10年以上、どんなに優秀でも国語教諭に採用された人はいなかったのです。時代の運としか、言いようがありません。

　その後、補充のため、ぽつぽつ採用が出始め、2000年代に講師から合格した後輩（英語科）によれば、面接が先だったという話でしたが、その後、2010年ごろ採用された、ゆとり世代の

同僚によれば、筆記試験が先だったと聞きました。

　つまり、募集・応募もともに人数が多ければ、一次で筆記試験でふるいにかけ、その後、二次で専門筆記・面接という流れです。募集人数が若干名ならば、どういう人物がほしいかはっきりしているので、面接が先になったのでしょう。

＊採用は人物重視

　元来、教員採用試験は、採用人数が多かろうと少なかろうと人物重視なので、専門の筆記試験に力を入れるよりも、採用側がどういう人物を要求しているのか、過去の合格者の面接体験などを聞くなどして、リサーチしたほうがいいと思います。

　団塊の世代が採用された頃は新設校が多く、運動部立ち上げや生徒指導のために、運動のできる体の大きな男性が有利だったと聞いています。今は、生徒減少期なので、かならずしもそういうタイプだけが求められているわけではありません。平成四年度採用の際、指導主事から「みなさんは未来の管理職候補です」というスピーチがあったことを覚えています。令和の時代にどういう人物が求められているのか、それはあなたの適性の問題もあるので、自分でリサーチしていくべきでしょう。

　私立は、大学入試問題やそれに準ずるような試験を受け、その後、模擬授業用の教科書コピーなどを渡され２０分ぐらい予習の時間を与えられて、模擬授業を行い、面接する、という流れで、予備校講師の採用試験などでも同じような流れでした。

＊試験時の注意

　教諭や専任教員の採用試験は、一番暑い時期に行われますので、服装・靴・鞄・水分補給等には注意が必要です。加えて扇子・ミニ扇風機もそうです。

　扇子には思い出があります。講師時代に勤務先との関係で（受験申し込みは学校管理職を通じてになります）四年連続受験した時、当時は教室に冷房がなかったので、一年目の一次試験筆記の際のあまりの暑さに懲りて、二年目に扇子を持っていきました。同じ部屋では他に二人ぐらいしか持っていませんでした。三年目には受験者全員が扇子を持ってばたばた扇いでいました。四年目は監督者が怒って、「扇子は禁止します」と言いました。今どうなっているか知りませんが、エアコンがあるものの公立は２８度設定ですし、熱中症に注意と言われていますから、扇子も節度を持って使いましょう。

　また、私立では、「電子辞書の使用を認めます」と言われたことがあり、持ち込み可とは書かれていなかったのと、公立では辞書持ち込み不可なので、驚いたことがあります。予備校ではやはり不可でした。

　時間を守るのは当然ですが、あまり早くに行くのは待ち時間に観察されるだけで、あまりいいことはないので、気を付けましょう。会場が開いていても、カンニング防止のため、受験場所には監督官が入るまで入れない場合もあるので、不注意な入室や不審な行動をしないようにしましょう。

　面接時、大阪府だけかもしれませんが、午前中から集められて、昼食抜きで午後にわたりました。提出書類を書かされ、その後、集団面接、４０分ほど待機の後、グループごとに個人面接でした。面接時間が長引くのは、答えが長いなど受験生側の問題もありますが、採用側に複数候補がいるようなときに長引きがちです。

　基本、待っている間の様子も観察されているので、注意が必要です。何をどう観察されるか、それも試験のうちなので、詳細は割愛しますが、一つヒントを出しておきましょう。

　　大学時代の友人に有名なハウスメーカーの重役の娘がいて、大学三年次の夏に、親の会社で受付嬢のアルバイトをしていました。そして、彼女は、「受付嬢の私も採用の際に一票を持っていたのよ！」というのです。当時の就活は大学四年次でしたので、就活生は彼女より年上です。しかも彼女はバイトに行くとき、高原のお嬢さんのような雰囲気でした。就活生たちはどういう態度を示したでしょうか。

　近年は、受付にも廊下にも部屋にも防犯カメラがあり、どこから見られているか、わかりません。

＊採用基準

　小さいころから学校の先生になるんだと思っていたり、先生方から「あなたは教員に向いてそうだね」と言われていたりした人は、少し用心が必要です。その理由については、どんな採用試験でも同じなので、具体例として、就職氷河期に見たSNSの体験談をあげておきます。

　　Ａさんは、本命の大企業に受験に行くのに、一人では心細いので友人Ｂさんに一緒に来て、と言って一緒に受験しました。ところが、Ａさんは落ちて、たいしてその企業に興味もなかった友人Ｂさんが通ってしまいました。『私はその会社が本命で、そこに入るために努力して、私こそふさわしいと思うし、どうしても働きたいのに、なぜ私は落ちて、たいしてやる気のない友人は通ってしまったのだろう。私が入りたかったのに！』と嘆いていました。

　なぜＢさんが合格し、Ａさんが落ちたのか、わかるでしょうか。

　まず『友人と一緒に受けるのって、どうなの？』と思います。それだけではなく、おそらく、Ｂさんは受験にあたって、あまり興味のなかったその会社について調べ、どういう人材を求めているのか知り、あまり気負わずに、それに沿って、自分のできることを面接で話したのでしょう。逆にＡさんは、私が私こそがふさわしい、という感情が強すぎて、会社側のニーズや要望などを見落としていたのではないでしょうか。

　つまり、教職志望の人にもよくあるのですが、昔から教員を夢見てきて、周囲の人からも向いているよと言われてきた場合、その人は、自分の夢の実現に走って、現実に教員に求められている課題を見落としがちなのではないか、と思うのです。

＊教員に求められること

　では、教員に求められることとは何でしょうか。

　昔、先輩教諭に尋ねたところ、「教員にとって大事なことは、生徒の安全を守ること、自分のできないことはすみやかに応援を求めることです」といわれました。

　私自身が長い教諭生活で感じたのは、日程・時間管理、リーダーシップです。もちろん、他にもあるかもしれません。

　ちなみに、大阪府立高校の場合、『府立高校に対する指示事項』という冊子が毎年出されていて、職員会議で教諭と期限付き講師に各一冊配られ、そこに載る指導上の注意について、以前は職員会議で毎年一〜三月ごろに、校長から事細かに変更点の説明がありました。外部の人間や非常勤講師は、存在すらまったく知らないものでした。

　これは、令和に入って、コロナ禍の関係もあったのか、冊子が配布されなくなり、オンライン化されましたので、今では、知っていれば誰でも大阪府のサイトからアクセスできます。不思議なことに教育委員会のサイトではありません。

　この『府立高校に対する指示事項』を年度ごとにたどっていけば、例えば不登校指導についての府立高校の指導方針の変遷が明らかになります。他のさまざまな問題点も同様です。

7―合格と赴任先の判明

＊内定（G判定）

　私立は内定をもらえば、内定承諾書を提出し、次いで契約書類などが送られてきて、記入し送り返して契約が成立し、それほど心配することがないものなのですが、公立はここから一波乱あります。

　というのは、公立の場合は、赴任先が決まるのが遅いからです。大阪府では、11月にG判定という合格通知が来ても、どこに赴任するのかわかるのは、3月末です。

　昔のことでいつのことか判然としないのですが、壇上に立った教育委員会の人から「かならず3月には行先がわかりますので、それまで安心して待っていてください。」と言われたのが印象的でした。その説明の際に、過去、G判定が出たにもかかわらず、翌年赴任先がなかったために自殺者が出て、必ず赴任できるように変わったといわれました。実際、G判定が出ても、声がかからなかった場合、一次試験免除で再度受けなおし、という規定があったのは知っていましたが、自殺者が出ていたというのは、その説明で初めて知りました。

　ちなみに11月のG判定から赴任先がわかるまでの時間は、公立の転勤システムと連動しています。

　転勤は希望先や配慮事項を前年夏には書かされ、9月10月に転勤等打診の面談があり、2月中旬に“にじみだし”と呼ばれた転勤候補者への通知があり、3月中旬に転勤確定し、転勤先判明は3月23日以降になりました。そこで不服申し立てなどあると、関係者の転勤が止まってしまいます。こういった転勤システムは、SNSなどをみる限り、他府県でもほぼ同様のようです。

　昔、平成元年（1989）には11月に転勤先がわかっていました。優秀な先生方が転勤を辞退して予備校や私立に行ったという噂を聞くうちに、強制転勤が始まり、転勤先判明が3月になりました。そういえば、先輩の先生方から「G判定って何？」と尋ねられました。強制転勤が始まる前は、11月に次の勤務先が判明して、そこの校長に挨拶に行ったのだそうです。

　近年では、大学生の就職活動が、事実上大学3年次に、インターンなどとして就業体験から始まっているために、教員採用も早めたらどうか、という案が2023年春、新聞紙上に出ていましたが、大半の教育実習が大学四年次にあることと、採用予定数や赴任先との関係から、教職課程や転勤システムを完全に変えない限り、難しいだろうと思います。

＊赴任先が決まるまでに

　G判定時、私は講師をしていましたので、その学校の先生方から、アドバイスをいただきました。「最初の赴任先は不便なところが多いから、車の免許を取りなさい」というのです。当時、車通勤は、事故や駐車場などの問題で次第に禁止されていくところだったので、驚きました。

　しかし、言われてみれば、大阪府立高校でナンバーズ（府立第○中学）と呼ばれた明治・大正期創立の元・旧制中学は駅近・徒歩圏内の便利なところにありますが、戦後の生徒急増期に建

てられた高等学校は、地元のためにできたので、大変通いにくいところが多かったのです。

　運転免許は取りにいきましたが、路上教習のころに赴任先が決まり、教習所の教官に相談したところ、あえなく「あなたの腕では無理です。中央環状の四車線の車線変更がありますから。地道を走ったのでは間に合いませんし」と言われ、今日にいたるまでペーパーゴールドです。しかし、車は必要悪で、クラブ関係の物品移動や練習試合の付き添いなどでは、車を買って乗っておけばよかったとさんざん思いました。

＊府立高校の赴任先の連絡

　校長、または准校長（定時制の校長）から電話がかかってきます。

　数年前、退職前に保健部長をしていたとき、優秀な阪大卒の教務部長が「この前、准校長が新任に電話したら、定時制だと聞いただけで『辞退します』ガチャン、だったそうよ。私達のころはそんなこと、ありえなかったわよねえ」と言っていました。

　かなり昔も採用時には電話連絡でしたが、私の場合は教習所に行っていて留守番電話だったので、大変困りました。聞いたことのない学校で、しかも、「西〇〇〇（不鮮明）高校の校長の□□（不鮮明）です。明朝九時に本校に来てください。ガチャン」と校名が聞き取れませんでした。それで、期限付き講師の間、クラブの試合付き添いのために買った『府立高校入学案内』（地図と住所・電話番号の載っている受験生向けの本）を持っていたので、なんとか探し当てて、行きました。バス停から校舎も見えないところにあったので、事務室に電話して道を尋ねたことを覚えています。今だったらグーグルマップでしょうが、田んぼのあぜ道まで出てくるかどうか。

＊公立と私立

　公立はなんといっても地方公務員ですので、福利厚生はもちろん給与も安定しているのですが、ずっと安泰かというとそうでもありませんでした。大阪府では橋下府政のとき、教職員は所属が教育委員会から大阪府になり、給与も月10万下がりました。上の年代の人たちはもっと給与カットされました。当然ボーナスも下がりました。加えて、当時、大阪府では非常勤講師に交通費が満額出なくなって、来てくれる人が激減し、教頭が頭を抱えていました。

　私立は、経営の問題がありますので、専任でもボーナスがない学校や、逆に専任・期限付き講師はもちろん非常勤までボーナスが出る学校など、入ってから分かる驚きの事実がありました。雇用条件がなかなか表に出ないだけに、思い込みを排して、事前の多方面からのリサーチは必要でしょう。

8―赴任してから

＊初日

　四月一日朝から大阪府では初任者全員が府の方に集められるので、学校では転任者が先に挨拶していて、初任者だけ挨拶等が後になります。学校に戻ってきたら辞令を受け取り、事務室で書類を山ほど書いて出します。書類は、給与やその他の登録用や共済組合関係、通勤経路・通勤手当など諸手当関係の書類です。用意のいい学校であれば、その日のうちに座席まで連れて行ってもらえると思いますが、この日は校内でも全員の座席割り当ての当日なので、引っ越しの真最中であることも多いです。

　四月一日は私立でも、教職員に対する紹介・挨拶の後、新転任者に対する校内研修が各分掌長から行われます。その間に、新転任者以外の全職員が新しい座席に引っ越しをしています。

　どこでもある最初の校内研修は、一度にいろいろ言われても目が回りますが、出席簿の記号は学校によって微妙に違う（同じだったのは欠席が／、遅刻が×だけでした）など、絶対に聞いておかなくてはならないこともたくさんあります。とはいえ、一回では何校も回った転任者でも無理なことが多いので、誰が責任者で、何については誰に聞いたらわかるのかをメモっておいたら、後はなんとかなります。それに、責任者のところまで行く前に、周りに聞けば解決します。

＊初任者研修

　国が決めた研修です。教員の指導力低下が問題になったときに、全体研修が年間三十回と回数が増え、現在はまた減ってきました。主催は公立ならその府県の教育センターで、私立は私立の教育会館か教育センターがあります。初任者研修には、全体研修と教科研修があります。それとは別に学校のほうでも、各分掌長による校内研修が二学期に週替わりでありました。全体研修や教科研修は、校外に出て同期採用の友人に会えるので楽しみにしている人もいました。

　この研修のために「加配」がついて、普通は持ち時間が16～18時間のところ、初任者は10～12時間に軽減されるのですが、「加配」の非常勤講師時数がすべて他の人に分配されてしまうと、研修がはなはだしく負担になりました。今はそんなことはないと思いますが。

　私が最初、「初任者加配」に気が付いたのは、試験の採点が間に合わなくて、研修場所で開始前に必死で中間テスト採点をしていた時、私の採点している冊数（試験の束はクラス別に綴じてあります）に驚いた他の初任者たちが「お前、何時間持ってる？」「俺？ 10時間」「俺は12時間や」と言い合っているのを聞いたからでした。私は18時間担当していました。それで勤務校で、他の初任者の持ち時間が少ないことを話すと、〝非常勤講師時数〟というものがあり、「新任（初任者）加配」で付くけれど、私の勤務校では他の負担の大きい教員にすべて分けられたという話でした。それを教えてくれた教員は、「だから、研修なんかさぼったらいいのよ」と言いました。

　しかし、その年はとくに厳しい年で、校務等で研修に行きそびれると管理職に連絡が行き、教

育委員会に理由を届けなければなりませんでしたし、夏休みの宿泊研修と就職指導とが被ったとき進路指導部長からの依頼で「行けません」と告げに行くと、教頭はその場で土下座して「この通りだから。君が行ってくれないと私の首が飛ぶ」と言ったのです。そういうことで文句を言いながら研修には行きましたが、何も文句を言わなかった新任同期がこともあろうに12月に退職したので、大騒ぎになり、私はそれからずいぶん大事にされるようになりました。また、なぜその新任同期が退職したのか、勤務校と教育委員会で別々に思い当たる理由を書かされました。それによって、翌年代わりに来た新任者には、手厚い配慮がされていました。愚痴るだけではなく、多方面に窮状を訴えておけばよかったと後で思いました。

＊分掌について

分掌とは、授業以外の校内の仕事の分担で、教務部・生徒指導（生活指導）部・生徒会指導部・進路指導部・保健部などがあります。かつては、図書視聴覚部などというものもありましたが、生徒数が減って減員になったときに、教務部などに吸収されました。

初任者や転勤者は、校内で希望者のない、空いている分掌に放り込まれますので、大体ハードな仕事になります。でも私の場合は、初任者のうちに進路指導部就職担当の仕事を手取り足取り教えてもらえたのはよかったと思いました。求人票を持ってこられた来訪者応対や会社訪問などがありましたので、茶托の向きから名刺交換まで教えてもらいました。全然知らないわけではなかったのですが、やったことはなかったので、助かりました。

＊副担任について

採用の次年度、担任に入るのが一般的ですので、各担任のクラス運営などのようすを見ておくといいでしょう。掲示物の貼り方一つ、机の並べ方一つとっても、担任によって全く違うので、クラス数が多ければそれだけ勉強になります。

副担任としての仕事ははっきり決まっているわけではありません。担任によっては、副担任に毎日の終礼を任せてクラブ指導に行ってしまう人もいますし、クラブ指導があっても終礼の後、掃除まで付き添って、定規で測って机を並べる、強烈な個性を持った先生もいました。ただ、全部見たい担任でも、出張に行ったり後半休を取ったりすることもありますから、副担が代わりにＨＲや終礼に入ります。

できれば行事の中で、クラス担任がどういう動きをしているか、見ておきましょう。ただ、昨今、人的余裕がまったくないので、副担は、行事の際、担任ができない単独の仕事をまかされることが多く、担任の仕事を見る機会は少ないかもしれません。

＊担任について

まれに、突然の病休などで人数が足りずに、初年度から担任に入ることがあると聞いたことがありますが、高校ではあまりないことです。緊急事態だと思ってください。

しかし、いずれにしても二年目からは担任になりますし、副担をしていても、担任の動きは

全然わからないことも多いので、担任になったときは、初めて見ることだらけです。学年主任や同じ学年の他の担任に常に次の動きをきいて、管理職や係に出す提出物など間違いなく締め切りまでに提出できるようにします。それが次の仕事につながっているからです。

＊学年団・学年会議

学校文化や校風は学校によって違いますし、学年団によってもカラーが違います。学年主任が変わるだけで、全然違う学年になることもあります。

学年団の定義が学校によって違うこともあります。その学年の担任集団だけを学年団ということもありますし、副担を含むこともあります。たとえば一学年8クラスあれば、学年会議は毎週担任8人だけの学校と、毎週副担任も含んだ16人で行う学校とがあります。担任だけなら時間割にはまりますが、毎週、副担を入れる高校では学年会議は放課後でした。

ただし、各学期末の成績会議の時は、副担だけでなく、担任・副担ではない教科担当者も入れて拡大学年会議を行います。この会議は「学年わたり（＝二学年以上を担当すること）」の先生のために、時間をずらして行われます。

＊行事について

学校は前例主義ですが、それには理由があります。行事は、さまざま知恵を集めて段取りを組んでおり、事後アンケートなどで不具合があったという報告があれば、翌年少しずつ直して、不具合をなくし改善していきます。それで一見したところほとんど前年と同様に運営されます。

なお、母校や前任校とあまりに違うからといって、一から全く違うシステムにしてしまうと、生徒が動かなかったり、教員が足りなかったり、お金が足りなかったり、さまざまな問題が噴出します。もし、あなたが赴任先で、「この学校のやり方は不思議だ」と思ったときは、なぜそうなったのか、古参の教員に聞いてみるのもいいですし、自分でも考えてみるといいでしょう。

最近は少子化でクラス数も教員も減らされています。行事で配置をうかつに動かすと、生徒の安全が守れなかったり、保護者に対して失礼なことが起ったりするので、少しでも変更がある場合には計画を念入りに立てる必要があります。立ち番すらもそこに置くだけの理由があるので、無断で抜けたりしないようにしましょう。

＊クラブ指導について

クラブ指導で採用された、という自負があるのならともかく、そうでないのであれば、初任者の間は、あまりしゃしゃり出ず、様子を見たほうがいいと思います。

学校によっても状況が違い、全日制でバイトしなければならない生徒が多い学校ではクラブ活動は加入者も少ないのですが、中間校から成績上位校は多くの高校でバイト禁止か許可制で、クラブ活動が文化部・運動部ともに活発、部の数も多くて、顧問も大勢必要であるため、顧問の決め方も内規で決まっていたりします。

昔は生徒の依頼で顧問が決まる学校もありましたが、人気のある先生がいくつも担当してパ

ンクするので、一人の教員が運動部一つと文化部一つをかならず担当しなければならない学校
や、運動部や吹奏楽部などの主担になったら、他はもたなくてもいい学校など、さまざまになっています。主担決定の仕方も互選とは限りません。

　体育科は専門があるため運動部指導に関して一致団結していることが多く、体育科以外の教員が運動部を担当するには、グラウンド管理などの問題があって、かなり交渉上手で世渡りが上手い人でないと難しいように思います。クラブ活動に関しては、しばしば、利害関係も複雑、人間関係はそれを上回ります。

＊自己研修票

　年度のはじめに、目標を書き、それの達成度を学期ごとに書いて提出し、管理職と面談します。私立でも書式がＡ４の縦おきか横おきかの違いで、あとはほぼ同じですので、国が主導してやっていることだと思います。学校自己診断や、生徒による授業アンケートとも連動しており、その結果と自己研修票を基に、自己アピールの場になっています。

　昔、国語科の女性の先生は謙虚な方が多く、校長はそういう先生方がどういう仕事をしているのか知らなくて、校長からの評価が低く、転勤等で不利になるのを何人も見てきたので、こういう面談の時ばかりはアメリカン・スタイルで、自己主張をして自分の業績を主張していました。

　国語科は、すべての教科の基礎になり、就職・進学の鍵になる教科なのですが、担当生徒の学力にも左右されますし、普段の仕事が地味なので、実績をアピールするときに苦労します。それで、就職作文指導をしてみたり、進学用講習をしてみたり、一本釣りで指導した生徒について述べてみたり、作文・小論文指導を個人で引き受けたりしていました。

＊当番について

　たいていの学校では、輪番で下校時間に見回りをして、窓を閉めたり、施錠したりします。大阪府では機械警備が入る時間までに門扉開閉要員が見回りをしてくれるのですが、学校が広く、生徒の追い出しなど教員でないと困ることもあるので、門扉開閉要員の方が見回る前に巡回します。教員全員に当番が当たるので、学校規模にもよりますが、大体月一回ぐらいです。

　夏休みにも当番があります。これは職員室での電話番も兼ねていました。事務室も電話は受けますが、取次だけなのです。なお、平成13年（2001）の付属池田小事件の頃から、学校の危機管理がうるさく言われるようになり、管理職も校長か教頭かのどちらかが夏休み中も学校にいるようになりました。救急車は管理職でないと呼べない、という問題もあるようです。

　それから学校によるとは思うのですが、正門と裏門の昼休み立ち番が昼休みの前半・後半で組まれていたり、休み時間のトイレ前タバコ当番というのもあったりしました。門の立ち番は、まるで牢獄みたいでいやだなあと思って、なぜそんな当番があるのか同僚に尋ねると、「自由に外に出すと、生徒が近所でタバコを吸って、苦情がくるから」と言われました。

　トイレのタバコ当番は、煙が出てきたら、その場で踏み込んで現行犯逮捕というものでした。

タバコとカンニングは現認でないと捕まえられないのです。ちなみに、その学校では、他の分掌に当番の負担が重いという声があがり、また、トイレの数が多すぎて掃除当番や見回り立ち番が組めないとして、あまり使用されていないトイレを封鎖し、生徒指導部が見回るようになりました。

　学校によっては、学校周辺の見回り当番があったりします。校外に出るのはおっくうですが、生徒も見回りがあることは知っているので、大立ち回りがあることもなく、寒くなければ、バケツを持ってゴミ拾いを兼ねるものの、気楽なお散歩でしたし、土地勘ができて、生徒の雑談や生徒指導上の問題が出たときに、話がよくわかるようになりました。

＊委員会について

　分掌以外に仕事がある場合、委員会を立ち上げます。人権委員会、情報委員会などそれなしでは学校が回らない委員会もあります。初任者は、特に関係がなく声がかからない限り、しばらく様子を見た方がいいでしょう。逆に言えば、関係者なら管理職から有無を言わさず、指名され、委員になります。

9—シラバス

＊シラバスを書くとき

　初任者として赴任して、４月、授業が始まって二週目ぐらいに「今月中にシラバスを書いて提出して」と言われて、はじめてのことで戸惑いました。当時はシラバスを各教科担当者が書いて提出していました。

＊シラバスとは

　シラバスは、その科目の年間計画です。大学にいたら、開講科目のシラバスを読んで、どれを受講するか決めたりすると思うので、大学生なら説明はできなくても「シラバス」自体は見たことはあると思います。

＊高校におけるシラバス

　初任者の時、書き方がわからないので教科の先輩の指導教員（初任者に付く校内の教科指導教員）やその後一緒に組んだ先輩教員に見せてもらったシラバスは、見た目はいいけれども、実現不可能な夢物語でした。次の年、一緒に組んだ先輩にその年のシラバスを見せてもらって「こんなにたくさん教えられるのですか」と尋ねると、「ある程度はやりたいものを考えて書くけれど、シラバスなんて作文でいいから」と言われました。

　昔の高校における「シラバス」は、このように体裁重視で、科目選択と連動していませんでした。生徒には当然見せませんでした。そういうものを、かつてはどこの学校でも書いていたので、本来は教育委員会へ提出するものだったのではないかと思います。

　しかし、現在では高校では「シラバス」は内部文書になっています。私立高校では「HPに載せるので書いてください」という学校もありましたが、そういう学校でも、生徒たちはシラバスの存在を知りませんでした。仮に見たとしても大部過ぎて読めなかったでしょう。

　生徒に対して出す「シラバス」に近いものは「試験範囲」です。一年分ではなく、各考査の前に出しています。

　皮肉なことですが、府立高校で科目選択が多様化したころから、平成の初めのような形式的で整った高校国語の「シラバス」を書いた記憶がありません。大学では「シラバス」は学生の科目選択のための説明資料ですが、高校生の科目選択の解説としては、昔あったような高校の「シラバス」では、詳しすぎる上に量が多すぎたのです。シラバスは、習っていない生徒たちには、『羅生門』って何？「三角関数」って何？が延々と続く世界ですから。

　代わりに、生徒向けの科目選択のための書類は、「各科目についての説明を、Ｂ５横書き３行程度で書いてください」と学年教務担当者から言われました。次の必修や選択科目について、全体ではＢ４で１〜２枚というところです。科目選択でクラス分けをして教科書も手配するため、後からの変更ができないので、保護者の確認印も必要ですし、懇談で説明する資料でもあったので、あまり長いものにはできませんでした。

＊過去のシラバスと現在のシラバス

　このように、三十年ほど前の高校のシラバスは、体裁重視で実現不可能な夢物語が書かれていたものでしたが、昨今は、統一された書式のない、現実的な簡易版「シラバス」を見るようになりました。

　これは、公立高校では、平成に入ってからの強制転勤や、その後は強制ではなくなったものの新任四年転任七年の転勤（大阪の場合。他府県では「新任五年、転任十年」というＳＮＳの書き込みをみたことがあります）で、勤続３０年などという古参の教員がいなくなり、さらに人員減や週五日制で多忙化が進み（一人当たりの授業持ち時間数は変わっていないのに勤務時間だけ減ったため）、学年教科の担当者で打ち合わせをする時間が取れなくなったので、次第に教員が個々独立して教えるになったのですが、そうはいっても、期限付き講師や非常勤講師が増えてくると、学校としての教育内容を担保する必要、つまり学年でどの教材（単元）を教えるかを、簡易の「シラバス」によって統一する必要が出てきたのです。

　私立でも、常勤講師をどんどん入れ替えていくので、初顔合わせが多く、共通認識をつくるのが難しいので、その中で、簡易の「シラバス」を見かけるようになりました。それは、各学期の中間・期末にどの単元をして、古典文法や漢字問題集や古文単語はどこまで進むか、ということだけが書かれているのです。

　私立の学校によっては、教科主任から各担当者に前年度「シラバス」を渡して、踏襲させるなどして今年度「シラバス」を作らせ、何年の何学期に何を教えるかを教科として統一しています。そういう学校では、学習指導要領が改訂されて教科書が変わるときや、改訂の前倒しで教科書が微妙に改訂されているときなど、教材が変更されていることがあり、そういう場合には担当者の裁量で「シラバス」を書き換えています。

＊学年指導計画としての「シラバス」と「単元指導計画」の関係

　このように、現在では、シラバスはその学年で教える大まかな内容となり、教える単元（教材）を書きならべています。そして、それらの単元は、年度当初に担当者が決めるか、または例年と同内容としてあらかじめ教科で決めているか、のどちらかになります。

　ところが、実際の学期ごとの時間数、特に考査までの時間数は、その年のカレンダーと持ち時間割によるので、月曜日が少なくなりがちで、クラスによって授業時間数が数時間異なるということは珍しくありません。

　それで、シラバスに拠って各学期に決められた単元を教えるために、担当者が当年度の生徒の様子を見ながら、自由自在に頭の中の「単元指導計画」を伸び縮みさせることになるのです。

10—定期考査と採点

＊作成時期

　少なくとも一週間前には、生徒に試験範囲の連絡をするので、そこから逆算して予定を考えます。慣れないうちは、ついいろいろ考えて、ぎりぎりになりがちです。試験が学年共通や選択クラスで共通、という場合は、二週間ぐらい前に案を出す必要があります。ある程度割り切って、授業より先に作ることになります。

＊形式

　大阪府立高校の国語では、Ｂ４横置きの縦書きで、問題用紙１〜３枚程度、解答用紙は１枚です。そして、問題用紙の一行目に

第一学年一学期中間考査　国語総合試験問題　　一・二組（担当　内田）　〇年〇月〇日実施

などと書き、解答用紙の方の一行目も

第一学年一学期中間考査　国語総合解答用紙　一・二組（担当　内田）　〇年〇月〇日実施

と書きます。この冒頭の部分はしばしば使いまわすので、期末に中間となっていたり、年月日が去年のままだったり、というミスは、Word になってから他の人のでもよく見ました。
　私立では、Ｂ５版の冊子にして、模試や共通テストのように、表紙一頁に大きく「第一学年一学期中間考査　国語総合問題用紙」の部分を展開し、麗々しく校章など入れ、注意事項も入れる学校もあります。

＊問題作成とチェック

　正真正銘の初心者は、最初、指導教員の作った試験をそのまま使うか、またはそれを一部自分の授業に合わせて変えるなどします。
　講師経験があれば、自分で作って指導教員に見てもらいます。最初のうちは、打ち間違い、解答欄ミス、番号落ち、番号や傍線の消し忘れなどが出がちです。自分でミスが多いタイプだと思っているひとは、模範解答を作るときに一つずつチェックしてください。印刷は、模範解答を作って、配点を書き入れてから、行います。

＊電子データと漢文

　現在では、教科書の指導書の付属 CD に電子データで本文や試験見本が入っていて便利なのですが、国語ではこれがなかなか厄介です。
　というのは、指導書の電子データでは、漢文の特殊文字のフォントと訓点フォントをダウ

ロードするようになっているのですが、学校貸与の PC は、セキュリティ上の問題や PC の仕様のため、ダウンロードができません。Windows がクラウド化したころから、ソフトやアプリを個人で入れることが不可能になりました。

このため、個人の PC とプリンタを自前で学校に持って来ている先生もいます。家で作成する人も多いのですが、データを USB メモリで持ち歩くか、クラウドに入れるか、または試験をペーパーで持ち歩くかになるので、あまりお勧めできません。それに家で作成すると、ソフトが違えば、学校ＰＣ上での修正ができないという問題があります。

＊ Word か一太郎か Excel か

Word は Microsoft のものなので、どうしても英語向きで、昔は、縦書きにするとバグって固まったり、フォントがない字はそこだけ手書きにしたり、ということが珍しくありませんでした。さすがに今は教科書に載る字はきれいに出ますし、フリーズ等のトラブルも減りましたが、返り点・送り仮名だけは融通がききません。

教科書指導書付属 CD では Word の場合、漢文の両側に極小のフォントの行を入れ、そこに送り仮名・返り点が入力されていますが、左右それぞれが本文とは別の行なので、本文に問題番号など入れると、両側の行がずれます。フォントが小さいので合わせるのは至難の業です。それで訓点を入れるのをあきらめ、漢文の問題文が白文になったりします。

もちろん、自分で X_2（下付き）や X^2（上付き）を使って返り点・送り仮名を入れることもできますが、その場合、縦書きでは両側に同時に入れる、ということができません。

一太郎は、日本メーカーのジャストシステムのソフトです。Word より書きやすいといって、試験問題だけ一太郎ユーザーという人が国語科によくいるのですが、一太郎は、例のクラウドPC の場合、お金がかかり許可制なので、公立では入れられる人数が限られます。データの蓄積の問題もあり、一太郎ユーザーは自前 PC であることが多いと思います。

Excel を国語の解答欄に使う人もいます。さらに問題文も全部 Excel にする人もいます。手書きが当初 3 ～ 6 ミリ方眼紙だったことを思えば同じはずですが、慣れないと印刷範囲のマス目指定が上手くいかず、印刷時に B4 用紙に収まらないのです。一種の職人技です。

＊折り機と印刷

公立では、問題用紙を両面 2 枚にして解答用紙を含め最大でも 3 枚程度に抑えますが（枚数の上限が教務内規に入っていたこともあります）、それでもクラス 40 人ともなると、配布が大変ということで、最近では折り機を使って、組むことを要求されるようになってきました。つまり、折り機で中表の二つ折にして、一番外側を解答用紙の裏面にするように一人分ずつ重ねるのです。

私立では、Ｂ 5 版の冊子にして、表紙一頁に上の冒頭部分を展開し、麗々しく校章など入れる学校もあります。

冊子にする方法は、三通りあります。

①　あらかじめ印刷して機械で冊子に組む（印刷時に組み方を考えなければならない）。

②　冊子専用の印刷機で印刷・製本する（ホッチキス止めもできる）。

③　冊子にできるコピー複合機で印刷・製本する（ホッチキス止めもできる）。

つまり冊子を組むための機械が必要です。そういう機械を持たない学校も多いでしょう。学校にあっても通常一台きりなので順番待ちになりますし、また故障も多いものです。

なお、国語で冊子にする場合、B5縦置きの縦書き原稿を組むので、四隅の余白が大きく（共通テスト問題のような感じです）、B4横置きよりもページ数が多くなり、同じ問題文で1.5倍近く紙を使います。

＊試験問題の手書きとコンピューターの導入

平成の初め頃、印刷機はありましたが、原稿はまだ手書きで、ボールペン原紙というB4の印刷用の原稿用紙を使っていました。印刷に写らない3〜6ミリ方眼紙で、問いを手書きで書いたり、教科書本文をコピーして貼り付けたりしたのですが、漢文などでは訓点を省くのに本文もしばしば手書きでした。古文も傍線をつけたりする関係で、手書きにすることもありました。

しかし、手書き原稿では、文節の区切り目に無意識で空白が入ったりするので、生徒には活字よりは読みやすいと言われましたが、入試などは活字印刷ですから、試験としてはよくありません。それで、早くからワープロ専用機を使う人もいましたし、Windows95以降はコンピューターが学校に入るようになり、皆、Wordか一太郎になりました。

なお、当初は、成績と試験問題作成のPCはスタンドアローンでした。それは、当時のオンラインPCは全世界と繋がることに重点が置かれており、セキュリティが確立していなかったからです。セキュリティ更新のためにスタンドアローンＰＣはなくなりましたが、セキュリティソフトが入っていても、アタックされバックドアが置かれ、知らない間に情報流出していることもあるので、今でもPCセキュリティは、大きな問題です。

＊採点

国語科の採点は、他の科目より明らかに時間がかかります。

これは入試採点に入れば一目瞭然です。作文だけ先に採点に入っても、国語の採点終了は最後から二番目か、最悪ラストになります。

それは国語には、作文など記述が必須なのにくらべ、社会や理科などの試験は、記号・番号だけ、ないしは単語で答えるだけの解答も可能だからです。

大阪府立高校の入試では、英語と数学にも記述が入ってから、英語や数学の採点がラストになることもありましたが、中間校あたりでは、数学の記述はしばしば空白でかえって採点が早いとか、英語もあまり難しい英作文は空白になるとか、その年の問題によって採点終了時刻が違いました。国語に関しては、作文にしても記述にしても、苦し紛れにとりあえず何か書いてくるので読まざるを得ず、終了時刻にそれほどずれはありません。

そのように国語採点に時間がかかるのは自明のことなので、配慮のある学校では、考査期間中の前半に国語の試験が入ります。そういう配慮がない学校では、試験期間後半に国語特に現代文の試験が入った時には、記述を減らし記号問題を増やすなどして、あらかじめ防御します。成績入力締切の日程が前もって決まっているからです。

ちなみに、マークシート問題は採点が簡単です。マーク読み取り機がなくても、アナログで"正解穴あきシート"を作ればすぐ採点できます。とは言え、国語のマークシート問題を作ると、作成時間がかかるうえに、紙数も必要です。講師だった平成2年ごろ、センター入試もどきをマークシートも含めて作ったことがあるのですが、配布枚数が多くて試験監督に叱られました。当時、紙折り機がなく、各プリントの間にしおりを入れているだけで、一人8枚あれば、試験監督は8回配布しなければならなかったのです。それで冊子になっていったのでした。

最近では、自動採点機が使われているそうですが、鉛筆が薄すぎるとマシンにはねられるので、かえって面倒だと聞きました。また、スキャナとソフトの組み合わせでの自動採点も可能だそうですが、解答用紙をスキャナで読み取ってソフト上で採点させるので、返却は○×が付いたものを印刷することになり、用紙が倍の枚数、必要だと聞きました。

そのうちに、ＰＣ上での試験になるとは思いますが、ネットがつながっていたり、自分のドキュメントやメモリにアクセスできたりするなら、カンニング防止が難しいように思います。

＊採点や答案に関する注意点

個人情報保護の観点から、校内での採点になります。昔は持ち帰って採点するのが普通でしたが、今は校内で採点して成績処理するのが基本となっています。これは持ち帰りの時、車通勤の教員が車上狙いにやられた事件が何度も報道されたためです。成績の入ったUSBメモリ紛失なども同様です。

答案などの盗難は、校内でも起こります。教務ロッカーは頻繁に使用されるため、鍵のありかが生徒に知られていることも多く、試験前に試験問題がごっそり教務ロッカーから紛失しているなどということが起こったり、採点前の答案が一枚だけ無くなったりする事件が起こります。特に試験後は、採点中でも職員室には生徒が自由に入れるので、受け取った際の枚数確認や採点中の保存に用心しないとひどい目に遭います。

加えて言えば、国語では採点に配慮が必要になります。

国語で成績不振の人は他教科の成績も不振です。それは身辺に問題があって理解する気力がないか、日本語自体がわからないかのどちらかだからです。その上、国語は、単位数が他の教科に比べて大きく、国語（特に現代文）で落ちる人は、ほぼ落第確定します。ある時、高校生ならこうあるべきという厳しい基準で成績をつけていたら、年配の先生から「落とす（落第させる）つもりがないなら、欠点（落第点）を付けるな」と忠告されました。

国語科の教員は皆そういうことを経験してきているので、できない生徒も欠点回避ができるような問題を作ろうとしますし、課題を提出させるのに熱心です。当の生徒には、なかなかわかってもらえないのですけれども。

＊ノートチェック

　ノート提出をさせて、チェックするのも、採点のうちになります。

　ただ、ノートチェックは採点場所と置き場所、運搬に困ります。

　副担18時間だと、3単位で6クラスあり、40人×6組＝240冊のノートが積み上がります。4単位でも4クラス＋2単位1クラスで40人×5組＝200冊です。

　まず、どこに置きますか。大体ロッカーを割り当てられますが、国語は資料が多いので、置き場に困ります。

　ノート採点も、チェック前のノートの山と、チェック中ノートを広げるスペース、チェック済みのノートの山、つまり山二つと手前のスペースが絶対必要になります。

　返却は、大量のノートの落下防止のため、国語の教員はよく運搬用の籠を持っています。

　なお、いうまでもなく、定時制や教育困難校でノートを持ってこさせるのは至難の業なので、プリント授業になりますが、回収したままにしておいて、最後に教科担当が一人ひとりの分を冊子に仕立てて、試験前に返却し、「授業プリント持ち込み可」としたりします。

　冊子にするのは手間ですが、毎回返却する無駄な時間がなくなりますし、「失くしました（前回休みました）。プリントください」の波状攻撃にいちいち付き合う必要がなくなります。つまり、余分のプリントを溜め置いて、そこから欠席分や紛失分のプリントを提出物の中にとじ込んでいくのです。

　超進学校の非常に賢い生徒達のノートは、本当は集める必要がないのですが、成績不振者だけ集めるのもどうかと思うので、学期に一度は集めるといいでしょう。すばらしく美しいノートは、教員の私の参考のために、コピーさせてもらったりします。

　中間校の生徒は、ノートの出来栄えと成績が比例します。古文で本文・現代語訳がやっとで、試験に出ると伝えても板書事項が書けない生徒は多いですし、口頭で言ったことのメモを取れない人も多いのです。板書・メモ・予習までできる人は、試験でも満点をたたき出します。そこそこノートを書けているのに試験が悪かった人には、平常点、もとい現在は「主体的に学習に取り組む態度」で助けます。

11—評価

＊三観点評価

　令和4年（2022）からの新教育指導要領によって三観点評価が高校に導入され、配点比率を明らかにして観点別に厳密に点数を分けて出すことになりました。

　これに伴い、教科書指導書付属CDに載る標準問題にも、各小問にどの観点か示されていますし、教務や教科から「定期考査の試験の各問題で、はっきりどの観点かわかるようにしてください」という指示がありました。

　三観点とは、①知識・技能、②思考・判断・表現、③意欲（正式名は「主体的に学習に取り組む態度」）です。

＊観点別評価

　観点別評価は「国立教育政策研究所」によって示されたものです（詳しくは国立教育政策研究所「学習評価の在り方ハンドブック」（高等学校編）国立教育政策研究所ウェブサイト https://www.nier.go.jp/「指導資料・事例集」参照）。

　ただ、観点別評価をしなくても、現場の教員は生徒達に関してこれらの出来・不出来を把握しており、例えば自閉症傾向がある生徒は、往々にして思考・判断・表現が苦手ですが、それを知識・技能でカバーできるように、配慮したりしてきました。

　しかし、観点別評価の肝要は、何ができて何ができないかを明らかにして、それを次の課題としてPDCAサイクル（Plan-Do-Check-Action）で指導・改善していく（「新学習指導要領に対応した学習評価（高等学校編）」文部科学省初等中等教育局 主任視学官 長尾 篤志氏）というものです。つまり、生徒は教員の助言によって改善ができる、という前提の評価です。

＊新指導要領と高校「三観点評価」

　令和4年の高校一年生から、定期考査が①知識・技能と②思考・判断・表現の点数で採点されています。

　これを、生徒たちに返却したときの反応は、"不得意分野がはっきりしてしまった"ないしは"不得意を得意でなんとかカバーできた"といったものでした。実際、優等生は三観点のいずれも高得点をたたき出しますが、①の暗記が苦手で②の表現も苦手といった、文系科目が不得意な消極的理系タイプには、著しく国語に対する意欲を下げたように感じました。

　つまり、生徒たちは、これまで漠然と把握していた自分の能力が白日の下に数値化された結果、どこをどう間違えたかよりも、できる・できないに焦点が当たってしまい、『頑張ってもやっぱりこの点?!』と悲鳴を上げたのです。

　小学校・中学校では、高校より先んじて高校より多い4観点で評価がなされていますが、"通知表をやめた"という小学校（『通知表をやめた。茅ヶ崎市立香川小学校の1000日』（日本標準））が一時期評判になったように、観点別評価はなかなか難しい問題を含んでいるように思います。

*観点別の教科の成績処理

　教員側からみれば、観点別に成績を付けることは、教科の成績処理の仕事が単純に言って三倍（考査問題や課題指示の段階からどの観点か示さなければならないため）、実際には六倍程度に増大することを意味します。というのは、採点の際に①と②で別々に採点して、①②とその合計を明示し、チェックしなければならないからです。

　しかも、②の「思考・判断・表現」は基本的に記述式解答で、生徒に対して判断基準（キーワードの存在など）を明らかにしなければなりません。

　ですから三観点の規準（比較の際の標準）および基準（合格最低ライン）は、生徒たちの混乱や批判と教員の仕事増大とを避けるため、明確で単純でなければならないのです。

　そして、①②は考査なので点数で出したものを ABC に振り分けます。これは学校で規準を決めなければならないということで、A～C について人数比率を決め、上から点数で切って行きます。したがって相対評価ということになります。

　これとは別に、課題を出すなどして、③意欲（「主体的に学習に取り組む態度」）を A～C で評価します。

*観点別の担任の成績処理

　SNS で担任からも悲鳴があがっています。すなわち、「教科担当が三観点ごとに ABC で付けた成績を、担任は進学・就職の調査書のため、科目ごとに AAA から CCC まで確率的には 27 通りある結果を 5～1 に換算して五段階評定に直し、平均値や度数分布を出し、また、保護者からの要請で ABC 通知表を 100 点法と五段階評定にする必要がある」というのです。

　学校教務が、100 点法で教科担当のつけた①②の合計点を持っていれば、換算はもう少し楽ですが、それはそれで、③の意欲（「主体的に学習に取り組む態度」）は、①②とは別建てで、ABC で付けているので、それをどうするかという問題が残ります。

　就職の学校指定求人や大学等の指定校推薦は評定平均の良い生徒から取っていくことになっていますし、そればかりでなく、大学等の指定校推薦はたとえば評定 4.2 以上等、一般推薦でも評定 3.0 以上等と決まっているため、五段階評定はどうしても必要なのです。

*評価の変化

　昭和から平成の半ばまでは相対評価でしたが、令和の三観点評価とは別物です。

　「昔、（パソコンが出現するまでは）こうやって星取り表を作っていたんだよ」と焼却場で昔の書類を見せてくださった先生がいました。その表は、今ほどフタコブラクダにはなっていませんでしたが、正規分布というわけでもありませんでした。星取り表は、縦軸が点数、横軸が人数で、点数の横に人数分だけ星（本当に☆の場合と〇の場合と両方見たことがあります。教科会議資料なので☆や〇にゴム印が使われていました）を横に並べて行くのです。今の Excel 棒グラフのようなものです。これを上から五段階に分けていきました。

　五段階の人数パーセンテージは教務内規で決まっていましたが、切れ目に同点が二人以上いる場合は、この分布表によって、どこで5段階を区切るのか、教科会で決めたのです。

　私が教諭になった平成4年当時、教務の成績PC担当が、上から何パーセントが5、と自動で出すようにプログラムを組んでいましたが、同点がいると区切りがやや流動的になるので、確認のために、教科会や学年会など結構時間を取りました。当時は試験休みがあり、その間に成績処理をしていました。

　平成の途中から絶対評価に変わったので、平常点を加味することで平均点を60点前後にして、100点～90点が5、などと成績内規で決められました。そう言えば、その頃から試験休みがなくなりました。その代わり、絶対評価になってからは、少なくとも試験を返却した時点で、ほぼ成績は出せていました。

　しかし、観点別だと全ての成績が出るのに、試験返却後一週間はかかります。昔のような試験休みはないので、授業しながらです。負担は過重になりました。

＊平常点の問題

　大阪府立高校の進学トップ校では平常点がありませんでした。一方、教育困難校ではほとんどの生徒がアルバイトをしていたり、家庭環境が大変だったり、障害を抱えていたり様々な事情を抱えているので、提出物などの平常点が40点分ありました。40点未満が欠点ですので、努力は認めましょうというスタンスなのだと思います。進学トップ校と教育困難校の間に挟まれた、国公立を受験しない私立大学・短大・専門学校に進学する中間校では、学校の状況に応じて20～30点ぐらいの平常点を提出物で加味していました。

　過去形で書いているのは、令和4年から高校に入ってきた三観点では、これまでのような平常点を加味するところがないのです。もちろん、あえていえば、③意欲（「主体的に学習に取り組む態度」）が平常点に相当するのですが、観点別ですから①②③にそれぞれ分けて評価するので、③しか点がない、ということも起こり得ます。

　ところが、三観点評価で『ＣＣＡ・ＣＣＢ問題』というのがあって「ＣＣＡはありえない」などと言われているそうです。

　高校では昔から"ほぼ平常点分しか点がない"という生徒はしばしばいました（私の高校数学や物理もそうでした）が、観点別が小学校から始まったこともあって、"意欲があるのにわからない・できないは教員の指導力不足（または教材が不適切）"となるらしいのです。

　高校では教える内容の質や量に明確なラインがあるため、単に理解の遅い生徒だけでなく、生計を本人が支えているバイト生や介護等家庭環境に不安がある生徒や障碍がある生徒には、ウルトラハード、もとい超難関なことが多いと思います。

　『ＣＣＡ・ＣＣＢ問題』が高校ではこれからの課題となるでしょう。

12—学校カリキュラム（教育課程）

＊学校カリキュラム

　採用されて、受け取る書類の中で最も読みにくいのは、この学校カリキュラムなのではないでしょうか。しかし、すぐに必要なものではありません。時間のある時、教科主任か教務部の教員に聞いてみてください。私自身一人で学校全体の教育課程が読めるようになったのは十年目の頃でした。どこの高校でも同じ書式ですし、学校のしくみが一番わかる表です。

　たとえば、令和6年度入学生が一年で取る教科・科目は、何で、何単位か、二年や三年になって必修科目はどれで何単位か、選択科目は何種類あって、どれをいくつ選択しなければならないのか、などということが表になっています。

＊入学年度で異なる理由

　学校カリキュラムは入学年度ごとに頁が違いますが、入学年度によって科目が異なるのは、主に10年毎に学習指導要領が改訂されるためです。それ以外では、教員配置の都合による場合があります。教員の転勤等で、選択科目の増減があったり、学校独自の「学校設定科目」が閉講になったり、変更になったりすることがあります。

＊学校カリキュラムの利用法

① 来年度、進級した生徒の学ぶ科目と単位数がわかります。

② 教員配置、場合によっては教員の必要数がわかります。

　　たとえば、一年で『現代の国語』2単位、『言語文化』2単位で、クラスが8クラスあるとすれば、週当たり32時間の国語の授業があり、国語は必ず担任が一人は入りますから、担任17時間、副担18時間ならば、副担は3時間、別の科目（総合の授業など）を持つか、他の学年にも授業を持ちます（一人で2学年担当することを「学年渡り」と呼びます）。ただ、これは単純計算で、2単位ものは偶数になるので、担任は16時間か、18時間になります。

③ 選択科目の生徒人数について、想定することができます。

　　社会や理科の教科内選択でクラスをわけることもありますし、芸術（音楽・美術・書道など）の場合は特別教室に入る人数で上限が決まります。芸術選択でクラス編成をすることもあります。

＊選択科目について

　高校では大学と違って、時間割に空きコマを作りません。したがって選択科目を『どれも選ばない』ということはできません。近年、気に入らない科目を「この科目、捨てる」という生徒がたまにいますが、必履修科目を捨てることはできませんし、学校によっては全科目履修が進級の要件のこともあります。必履修の未履修を防ぎ、補講を避けるためです。

＊必履修科目

　必履修科目は、文字通り必ず「履修」しなければならない科目ですが、その科目は「学習指導要領」によって、10年毎に変わります。

＊履修と修得、卒業認定

　「履修」とは、その科目の年間授業時数の半分以上を出席したことで認められるもので、「修得」とは、その科目の年間授業時数の三分の二以上の出席と規定の成績を修めたことを意味します。

　高等学校では、"卒業に必要な修得単位数"が学校ごとに教務内規で決まっています。定時制の課程では８８単位以上ですが、これを参考に８８単位が修得単位数の最低基準として、学習指導要領に定められています。

　ただし、修得以外に卒業にはもう一つ条件があって、学習指導要領で定められた「必履修科目」を「履修」していない場合は、高校卒業が認められません。これは国の規定ですので、生徒に必履修科目を履修させていなかったのが卒業までに判明した場合は、追加でその科目の授業を行い、履修させなければなりません（未履修問題）。

＊未履修問題

　"未履修問題"は、受験科目等にない必履修科目をカリキュラムに入れないとか、ある必履修科目の担当教員がいない（その科目の免許のない教員が教えても単位認定されません）、生徒に必要な科目やその単位数が多すぎて時間割がはまらない、などのために起こります。「必履修科目」の未履修が判明して、進学校であるにも関わらず、高校三年の1〜3月に必履修科目のために授業が行われたと、何度か報道されたことがあります。昔は「登録、即履修」だったので、教科書のみ買わせて実際にはその科目をせず、他の授業に振り替えた、などの事例がありましたが、次第に未履修問題に対する処分が行われるようになりました。

　「二分の一以上の履修」は、それまでの「登録、則履修」に代わるものとして、教務部で「履修と修得」「必履修科目」に関連して平成14年（2002）度からの導入のため平成13年（2001）に説明を受けた記憶があります。「履修」の概念の導入後、すでに20年以上が経ちました。

＊学校カリキュラムが必要な時

　担任業務として、来年度の教科科目、特に選択科目を説明する際、基になる資料が学校カリキュラムです。また、担任したクラスに留年生や転校生がいれば、他の人とは持っている単位が違うことがあるので、学校カリキュラムと指導要録（昔の学籍簿）とを確認して、教務部と相談することになります。単位の読み替えや、外部に単位を取りに行かせるなど、卒業認定で問題になる前の対処が必要になることもあります。

13―学習指導要領

＊学習指導要領とは

文部科学省のサイトには、次のように説明されています。

「学習指導要領」とは、全国どこの学校でも一定の水準が保てるよう、文部科学省が定めている教育課程（カリキュラム）の基準です。およそ10年に一度、改訂しています。

子供たちの教科書や時間割は、これを基に作られています。

＊学習指導要領が変わるとき

改訂が実施される前年に、各都道府県で教育委員会が公立・私立の教科主任や教務部の係などを集め、文部科学省の担当官から新『学習指導要領』の解説を受け、質疑応答も行われます。いつも夏、8月12〜13日でした。新『学習指導要領』は、事前に、管理職・教務部には全体の冊子、教科には総則・教科別の載った冊子が配布されていました。今はコロナ禍を経て、オンライン化も進みました（ちなみに、昔、採用試験前は書店で購入していました）。データが重いのが難です。

教科や科目名が変わるので、それによって学校カリキュラムも変わりますし、教員配置も変わります。近年では、小学校に英語が入ったことや、情報の科目の内容が変わったことが報道され耳目を集めました。これは、時代の要請、というより経済産業省の要請もあるのでしょう。

＊学習指導要領の転換点

最初「学習指導要領」は指針にしか過ぎなかったのですが、平成元年（1989）の「学習指導要領」に式典での国歌斉唱・国旗掲揚の指示がでて、広島県で校長が君が代日の丸問題で自殺した事件（平成10年（1998）度卒業式1999.3）から、国旗国歌法が成立（平成11年（1999）8月13日）し、「学習指導要領」も法律に準ずることになりました。

政治の問題があるので難しいのですが、ちょうど当時、大阪府立高校で担任していて、オールドカマーの在日朝鮮人三世で韓国・朝鮮籍の人が二割いたため、卒業式の君が代を歌うときの気分は踏み絵でした。教育委員会から指導主事が来て教職員の口元を確認していましたし、在日韓国朝鮮人三世の生徒たちのことも気になりました。彼らの祖父母は、朝鮮併合の際、母語を奪われ、日本人として「天皇の赤子（せきし）」と言われ、日本に連れてこられて働き、戦後、出身地に戻っても自分の家も土地もなかったという話を、在日韓国朝鮮人の同級生や先輩から聞いていたからです。何事も、知らないことは罪です。

当時は湾岸戦争もありましたし、北朝鮮がミサイル開発をはじめ、インドとパキスタンが核実験を行ったころでもあります。この後、9.11アメリカ同時多発テロ事件があり、アメリカの国防長官が「ショー・ザ・フラッグ」と言ったとか言わなかったとか、日本が安全保障と平和国家の理想の間で揺れた時期でもありました。現在の世界情勢は説明するまでもないと思いますが、教育は政治に左右されることが多いのです。

＊令和４年（2022）度学習指導要領実施と第一学習社事件

　今の高校の学習指導要領は、平成２９年（2017）に改訂され、当初は令和２年（2020）度（東京オリンピック開催予定だった年）から実施という話でした。

　しかし、近来稀に見る大改訂で、国語に関しては、いくつもの学会が『論理国語』と『文学国語』に分けることに反対しました。

　さらに『言語文化』についての文科省の説明が二転三転しました。新聞発表によれば、『言語文化』は、最初「日本文化」に重点が置かれると説明されましたが、翌年「表現」に重点が置かれるという説明に変わりました。そして最終的には、『現代の国語』がノンフィクションで、『言語文化』はフィクションという説明がなされ、『現代の国語』には論説文や実用の文章を入れ、現代小説は入らず、『言語文化』に古文・漢文・現代小説が入ることになりました。

　コロナ禍の影響もあったとは思うのですが、これまでの教科書とは全然違うため、教科書の編纂と検定に大変時間がかかっていたと記憶します。結局二年遅れて2022年度の高校一年生から現在の学習指導要領が実施されました。

　ところが、令和３年（2021）の、令和４年（2022）度教科書採択の際、『現代の国語』に第一学習社が小説を入れ、多くの高校が第一学習社のその教科書を採択したため、他の出版社から一斉に第一学習社への検定について批判がおこり、新聞に大きく報じられました（第一学習社事件）。

＊時間割との関係

　文科省の解説に「子供たちの教科書や時間割は、これ（＝学習指導要領）を基に作られています」とあるように、学習指導要領に載っている単位数から学校カリキュラムが作成され、それに基づいて時間割編成が行われます。

　「学習指導要領」は、すでに述べたように、法律に準ずることになったため、単位数も守られるようになり、標準単位数という名前でありながら、実際には順守するものとなりました。平成１３年（2001）頃当時教えていた高校のカリキュラム委員会で「増やすのはいいが、特に断りのない限り、教育委員会からは標準単位の半分では普通は許可が出ない」と教務部長に言われました。つまり、標準単位４単位の科目ならば、減らしても１単位減で３単位になります。

　学習指導要領に載せられた科目を組み合わせていって、公立なら週5、私立なら週6で必履修科目や入試科目とも考え併せて、まずカリキュラム委員会で学校カリキュラムの表が作られます。

　例えば、令和６年（2024）度入学生で考えてみましょう。一般的に一年から必履修で埋めていきます。ここで、単位数を見ると『言語文化』２単位ですが、主に古典（古文・漢文、古典文法、小説）を教えるので、大学入試を考えるならば３単位ほしい、など考えなければいけないことがたくさんあります。新任が考えることではないかもしれませんが、学校のしくみとしては、考えておくべきことです。わからない時は、新学習指導要領が発表されたときに教科書会

社が自社サイトに出す学校カリキュラムのモデルケースも参考にしてください。いくつか挙げ
ていると思います。

＊令和4年（2022）度からの国語

　さて、今回の学習指導要領の国語は、新旧比べて表にすると、次のようになります。

旧課程	新課程
『国語総合』（4単位）（必履修2単位まで減可）	『現代の国語』（2単位）（必履修） 『言語文化』（2単位）（必履修）
『国語表現』（3単位）	『論理国語』（4単位）
『現代文A』（2単位）	『古典探究』（4単位）
『現代文B』（4単位）	『文学国語』（4単位）
『古典A』（2単位）	『国語表現』（4単位）
『古典B』（4単位）	『古典探究』（4単位）

　旧課程では、『現代文A』『古典A』は進学向けではなかったので、センター入試を考えるな
らば、『国語総合』（4単位）・『現代文B』（4単位）・『古典B』（4単位）は必須でした。『国語表
現』は一クラス40人の小論文の一斉指導・添削は難しいので選択に入れる程度でしょう。

　なお、新課程は令和7年（2025）度入試までこのカリキュラムでの入試がないので、まだわ
からないのですが、『現代の国語』（2単位）・『言語文化』（2単位）・『論理国語』（4単位）・『文学
国語』（4単位）・『古典探究』（4単位）は外せないでしょう。

　つまり入試関連科目が前回のカリキュラムより、標準単位数が4単位増えています。他は減
っていませんので、結局、他の教科科目を減らすか、前回の理科（特に理系）のように、必要
科目をはめるために7時間目を作るか、になります。

＊増単位による人員配置への影響

　国語の増単位について、教科書会社の案を見ると、7時間目を作るか、芸術科目を一年生だ
けにするか、というものでした。

　しかし、現実的には、公立の場合、教員定数（その学校の教員の定員数）はクラス数つまり生
徒数で決まるので、国語科の単位数が増えて（4単位×クラス数＝教科の時間増）も生徒数と教
員定数がそのままならば、非常勤講師時数が4単位×クラス数分増加して、それだけお金がか
かります。必然的に、他の教科の単位を減らすことになります。

　その案として、芸術科目を一年だけの案は、生徒からすれば、文系進学校からは音大や芸大
に行く人もいるので、進路を相談するのに一年の芸術科非常勤か外部を頼ることになり、不利
益を被ります。しかしそれは個人の問題とされるでしょう。管理職からいえば、それまでの芸
術の三学年×2単位×クラス数（8クラス三学年なら48時間＝教員定数二人分＋非常勤）を、芸術

の持ち時間を2単位×クラス数（8クラスなら16時間）に減らせれば、芸術科の専任教員を転勤させるなどして非常勤1～2人に変え、国語の教員定数を増やして4単位の増単位（8クラスならば32時間で担任二人分程度）に対処することになります。

　国語科にとっては人員が増えて一見よさそうですが、芸術科が非常勤になったことで、音楽科の吹奏楽部顧問がいなくなり、未経験なのにクラブ顧問を押し付けられたという話をＳＮＳで見ました。また昔「学校が崩壊するときは、芸術から崩れると言われている」と先輩から聞きました。

　科目増や増単位は、このように時間割と教員配置に大きな影響があるのですが、その影響は、各学校の事情によっても異なるので、一般には知られていないのではないでしょうか。

14—教科書

＊教科書の変遷

　習った教科や教科書の名前をうっかり言うと、年齢がばれます。あなたの高校1年の国語の教科書は何でしたか。『国語総合』だったのではないでしょうか。

　令和4年度以降の高校生は、『国語総合』を習っていません。彼らは高校1年で『現代の国語』『言語文化』を習っているのです。高校2年では『古典探究』『論理国語』『文学国語』を勉強しているでしょう。

　令和4年（2022）からのカリキュラムでは、『現代の国語』『言語文化』が高校の必履修科目なので、どこの高校でも必ず習っています。もちろん令和5年の三年生はまだ旧カリキュラムなので書店には『国語総合』の参考書があり、高校1・2年生でも『国語総合』をまったく知らないということはないと思いますが、もう2～3年経ったら、高校生には『国語総合』が何のことか、わからなくなります。ちなみに、昭和55年卒業の私の国語教科書は『国語Ⅰ』で、一番長く教えたのが『国語総合』でした。

＊令和4年からの高校教科書

　学習指導要領の項で述べたように、令和4年（2022）の高校一年から新学習指導要領になり、国語の教科・教科書名は『現代の国語』『言語文化』『論理国語』『文学国語』『古典探究』『国語表現』になりました。

　2002年から長年続いた『国語総合』『古典』『古典講読』、2012年からの『古典A』『古典B』もなくなりました。ただし、新しい『古典探究』は、教科書にもよりますが、ほぼ『古典A』または『古典B』を踏襲しています。

＊教科書の中身の変化

　科目名・教科書名が異なる以上は、自分が習ったときの教科書との違いをチェックしておいたほうがいいでしょう。

　必履修科目として高校一年で扱う『現代の国語』『言語文化』は、『国語総合』の教材が二つの教科書に分けられた状態になっています。すでに述べたように、分け方の説明は発表されるたびに変化しましたが、最終的に『現代の国語』はノンフィクション、『言語文化』はフィクションとだと説明されました。

　『現代の国語』は、論説文が中心で実用の文章も扱うことになりました。『言語文化』は、古典と小説です。ただ、『言語文化』には漢文も入っているので、日本史に漢文が使われていたことや『戦国策』『十八史略』『論語』が『言語文化』に入っていることを考えると、フィクションと言われて、少し複雑な気持ちになります。

＊作品について

　教科書会社の方が、教科書の説明に来られたときに、「教科書は主に取り上げるべき作品や内容が検定前に示されている」とのことで、どこの教科書でも、取り上げている主な作品は横並びで、少し違う作品を入れて、変化をつけている、という感じです。

　元来、教科書では、夏目漱石や芥川龍之介、中島敦など著名な作者の作品は固定ですが、基本的に、亡くなった人の文章をはずし、現在活躍中の人の文章に入れ替えていく傾向があります。したがって、現代文では習ったことのない題材や知らない作品が載っていることがしばしばありました。当然『現代の国語』『文学国語』には今後、新しい作品が載ることでしょう。昔は留年生のために、学習指導要領が変わらない限り版（中身）は変わらないものでしたが、近年は毎年買ってもらうためか、途中の差し替えもあります。

　それでも古典はあまり変わることがないように思いますが、さすがに2011年の東日本大震災の後から『方丈記』の「大地震」は見なくなりました。阪神淡路大震災（1995）の後には教えたことがあるのですが、出版社は東京に集中していますし、未明に起こった阪神淡路大震災と違って東日本大震災は昼間の地震だったので、「大地震」の記述はやはりリアルすぎたのでしょう。

　しかし、教科書に載っている教材が変化しても、途中の問の立て方自体は、ずっと見てきた教員からいえば、それほど変化したわけではありません。

＊教科書の種類

　同じ教科書会社でも、実は同じ科目の教科書を三種類程度、出版しています。以前は書名で難易度の区別がつきました。すなわち『精選』は大学進学校向け、何もつかないのは中間校などが選びます（進学が振るわなくなっても伝統校は『精選』を選ぶ傾向があります）。『新編』は教育困難校や定時制などが使っています。

　『国語総合』で例を挙げれば、『精選　国語総合』・『国語総合』・『新編　国語総合』です。『精選　国語総合』の場合、抽象度の高い論説文や長文の古文・漢文が載っていました。

　何も付かない『国語総合』は、わかりやすい現代的な課題の論説文や親しみやすい現代風の小説などが特徴的でした。論説文は、環境問題が取り上げられてから、人の自然破壊という問題でモアイ像と植生の話が毎年出てきて、教えるこちらが食傷気味でしたし、小説では、2002年頃、山田詠美の生徒の心理と突いた作品が載っていたとき、生真面目で繊細な生徒が「山田詠美の作品をもっと読みたい」という感想文を書いてきて、当時は山田詠美氏といえば『放課後の音符』（1988、1995文庫化）、『風葬の教室』（1988、1997文庫化）、『ベッドタイムアイズ』（1985）が有名だったので、大丈夫かなと少し困惑した記憶があります。教科書には、やや無難な場面が選ばれる傾向があり、もし検定でふさわしくないとなると、差し替えられます。

　『新編　国語総合』は小説に苦労話か地味に毎日働く話が多かったので、生徒たちには、「もっと明るい話はないの」と不評でした。そういう生徒達はシンデレラストーリーやサクセスストーリーが好きで、アメリカのアニメ映画、特にディズニーが好きでした。

　そもそも、教科書会社は、高校に対して、例年と同じ難易度の「見本」本だけを送ってくるので、同じレベルの学校を渡り歩いてきた教員は、教科書に種類があることを知らないことがあります。また、前の勤務校と同じ教科書を使おうとする人もいます。教員に合わせるのではなく、生徒に合わせて教科書は選ぶべきでしょう。

　『現代の国語』『言語文化』『論理国語』『文学国語』は今回の変更が大きすぎて編纂が大変だったため、あまり種類を作っていない出版社もありましたが、今後どういうバリエーションが出てくるのか、それは今後の問題です。

＊分冊

　『精選』は分厚くなりがちなので、分冊もありました。たとえば『精選　国語総合』の分冊ならば「現代文編」と「古典編」に分かれているとか、『精選　古典B』ならば「古文編」と「漢文編」に分かれるとかいう具合です。

　これは、担当者を別にできるという意味もありました。そうすれば、同じ曜日に「現代文編」と「古典編」を入れることができ、時間割が組みやすくなります。

　芸術や家庭・技術と違って、さすがに、国語を同じ日に同じ担当者で二コマ入れることはしません。

　でもそれはつまり、国語の2単位科目は週二日、3単位科目は週三日、4単位科目は週4日授業があることを意味しており、単位数が多いほど、非常勤が入りにくくなります。

　『国語総合』標準四単位を一人で担当した場合は、分冊でない教科書を選んでシラバスを好きに配分できたので、古典の苦手で嫌いな教員が、一切古典を教えなかったという伝説（？）さえあります。中間校だから許される出来事ですが、国公立を受験したい生徒には許しがたい所業だったことでしょう。

15—日本語指導と国語

＊日本語指導とは

「日本語指導」は、日本語を母語としない人々を対象としたものです。

「国語」とは教え方も考え方も全く別のものです。「国語」の教え方は母語話者を対象としたもので、「国語」には第二言語習得という概念がありません。

「日本語指導」は、文法も簡略化され、用語も異なります。たとえば、助動詞は教えず、助詞は初級では文型の一部で、形容詞・形容動詞を「イ形容詞」「ナ形容詞」と呼び、五段活用を「Ⅰグループ」、上一段下一段を「Ⅱグループ」、変格活用を「Ⅲグループ」と呼びます。未然形は「ない形」、連用形は「ます形」「て形」、終止・連体形を「辞書形」（命令形はそのままです）などと呼びます。ちなみに、昭和の終わりごろ、「て形」は「てフォーム」と呼ばれていました。

「日本語指導」の研究は、主に外国語学部で行われてきました。それは外国語を学ぶ日本人が外国に行った時、そこで当地の人に仕事として（外国語としての）日本語を教えることが多かったからです。関西では、大阪大学が、大阪大学に併合された（国立）大阪外国語大学とともに、事実上の日本語指導の二大拠点となっています。

そもそも、さまざまな言語が隣り合うヨーロッパや移民の国アメリカ、カナダのケベック州のように二か国語以上が混在しているような場合、第二言語をどう教えるかというのが大きな課題であり、比較言語学や第二言語習得の学問は、欧米で確立したものです。

＊日本語能力試験（ＪＬＰＴ）と学習言語

日本語能力試験は日本語を母語としない人の日本語能力を測定し認定する試験で、国際交流基金と日本国際教育支援協会とが運営しています。レベルは上からＮ１～Ｎ５まであります。一般にはＮ１から上級、Ｎ３から中級、初級はＮ５からです。Ｎ１が外国人の大学入学の要件として扱われているように、Ｎ１を持っていれば、ほぼ高校「国語」も理解できます。

また、Ｎ３レベルが高校入学の条件と考えられているようで、中学校の日本語指導ではＮ３を取らせるのが目標になっています。しかし、Ｎ３というのは、日常会話には不自由しませんが、少し難しいことや書き言葉を言われるとわからないのが普通です。

そもそも、言語学では、学習言語が身に付くのは、話せるようになってから四・五年かかると言われています。

生徒たちの中には、中学のときに渡日し、日本語指導と受験指導を受け、Ｎ３を取って一般の高校入試を突破する生徒もいます。保護者や担任は、本人が日本語を話して高校にも入学したのだから補助は不要と考えがちですが、自力で高校の授業についていけるかどうかは本人の母語力・語学力や周りの助力にかかっており、可能ならば、各教科や通訳、または日本語指導者などの助けが必要です。

＊来日時期の違いによる習得の差

　子供はすぐに外国語がしゃべれると思われがちですが、それは発音だけです。それ以外は必ずしも外国語がわかっているとは限らず、来日時期によって、まったく状況が違います。一番困るのが、小学校低学年で来日した場合で、ちゃんと教育しないと、母語は子供の言葉で止まってしまい、第二言語としての日本語は簡単な会話ができればいいほうで、ほとんど理解できないままになります。そういう状況は、第二言語教育でダブルリミテッドと呼ばれています。

　母国でどれくらい勉強してきたかにもよりますが、小6から後に来日した場合は、母語の概念を利用できて、辞書も引けます。しかし、母語を読めないと辞書も引けませんし、母語訳を言われても理解できません。

　そういう状況にあっても、外国人の子どもには、小学校・中学でも就学義務がないため、そもそも学校に行っていない人、行っても不登校の生徒も潜在的にたくさんいるはずです。

＊国語教員が日本語指導をするとき

　あなたが若手の国語科の教員の場合、簡単に引き受けるべきではないと思います。多方面に援助を依頼できる立場でなければ、非常に苦労します。

　確かに、通訳を付けてもらえれば、母語の読み書きのできる生徒は、国語教員でも『みんなの日本語』のような日本語指導のテキストで教えることはできます。

　しかし、国語科教員は、ベテランの日本語指導者と違って、初級をきっちり教えられません。その上、日本語の指導が必要という生徒は、国語以外の教科もほぼ全滅するので、その指導をどうするかという問題があります。それは絶対に一人で抱えることができません。

＊日本語指導の必要な生徒

　日本語指導の必要な渡日生の多くは、日本名（通名）を持っていても、在日外国人なので、在留期間や在留資格の問題などさまざまな法律上の問題や、家庭の問題などが、学校にふりかかってきます。

　たとえば、ある生徒は、名簿上、父親が日本人なので、担任から父親に「欠席が多すぎて進級が危ない」と説明をするのですが、生徒に全く通じていないので、生徒に確認すると、生徒は再婚した母の連れ子であって、国籍は外国で、日本人の父親とは没交渉で、母子に日本語が通じないのはもちろん、父親がそもそも外国人母とあまり話が通じていないのです。どうやって話をしているのですかと尋ねたところ、「愛し合うのに言葉なんていりませんよ」と父親に言われた、と担任から聞きました。仕方がないので、通訳を入れて母親に尋ねると「自分の国では試験の成績が良ければ進級でき、出席は全く関係がなかったので、日本も同じだと思っていました」と言ったということでした。

　昔、担当した生徒に、日本で働く外国人研究者の子どもたちがいましたが、外国籍でも保護者に日本や日本語に対する深い理解があり、生徒たちは日本語で話して進級・卒業していきました。そういう人々と日本語指導の必要な生徒とはまったく状況が違うのです。

＊ダブルリミテッド生徒の受け入れ経験

　定時制高校にいたとき、管理職からの依頼によって、一人のダブルリミテッドのブラジル人生徒を引き受けたことがあります。その生徒の入試作文は、原稿用紙のマス目が無視され、テニヲハのない三行だけの文でした。それをみて人権委員会の委員長のところへ飛んでいって、抽出でないと指導不可能だと訴えました。

　日本語は私が教え、最大時間数、通訳をつけてもらって、試験前に理科などの教員にも入ってもらい、生徒一人に私と理科の教員、通訳の三人がかりで教えましたが、通訳の人には「この子はそもそもブラジルポルトガル語があまり分かっていないようです」と言われました。本人はものの名前が日本語でもポルトガル語でもあいまいで、英語の先生は「サリバン先生が必要です」と言い、通訳ではなく、母語を教える人が必要でした。たまたま支援に入った大学の先生が研究費で母語支援者を招いてくださいました。この生徒一人のため、教育委員会から特別に支援を受けた代わりに、私が自分の経験を府の研修で講演させられたぐらい、大阪府立高校としてもかなりのレアケースでした。

＊受け入れの背景

　大阪府立高校には、その当時、日本語指導の拠点校が四校ありました（令和5年現在七校）が、各校5パーセント程度しか受け入れておらず、日本で働く外国人とその家族が増えるにつれ、非常に優秀な生徒しか入れなくなりました。それで、定時制で、日本語指導の必要な生徒を一人引き受けると、翌年は二人、その次は四人と入ってきました。ある年全体で13人でした。小規模校だったので、全体の6.5％です。レベルもバラバラですし、定時制で全員を始業前や放課後に集めるのは困難ですので、「日本語」の一斉授業はできず、全日制の受け入れ高校とは違う苦労を味わいました。

＊日本語指導の単位認定

　授業中に抽出し、日本語指導をして単位認定ができるのは、その抜き出し元の教科の免許を持っている者だけです。伝手をたどって国語や社会の教員免許を持つ日本語指導の先生に非常勤にきてもらいましたが、人数が増えてからは、どうしても私が日本語指導に入らないと回りませんでした。「教員免許を持った日本語指導者を探すよりも、国語の非常勤を探すほうが簡単なんです」と教頭には言われました。

＊日本語指導の終わり

　その当時、その定時制高校は定数が約200人で国語科教諭は二名でした。日本語指導が必要な生徒が13人になった年に、ある教員から、「あなたは200人のうち半分の生徒の国語の面倒をみる責任があるんですよ」と言われました。その年、私は日本語指導で手一杯で国語を教えておらず、非常勤講師がその100人の国語の面倒を見ていたからです。いろいろ問題が起こっ

ていました。それで私は日本語指導を抜け、すべて教員免許を持った日本語指導者にお願いすることになりました。もう転勤該当者になっていたからです。

　後から思えば、それは、学校として日本語指導から徐々に撤退することを意味しました。支援や授業の手配をする教諭、日本語指導を支援する担任や管理職がいなくなれば、その体制は消えるからです。つまり、校内外で合意して、教諭を入れて日本語指導クラスを作るなど体制を作れなければ、結局、いつか日本語指導のしくみは消滅することになります。

＊現在の大阪府立高校の受け入れ校

　現在では日本語指導の必要な生徒を受け入れる大阪府立高校は増えています。中学校側はそういう高校を「枠校」と呼んでいました。日本語指導枠ということでしょう。

　大阪府立高校の令和五年度入試では、日本語指導が必要な生徒についての募集は、長吉高校（12名以内）、布施北（14名以内）、東淀川（16名以内）、福井（16名以内）、門真なみはや（14名以内）、八尾北（14名以内）、成美（16名以内）となっています（詳しくは大阪府のホームーページの公立高等学校入学者選抜を参照）。

　もちろん、入試を突破すれば、他の公立高校や私立高校にも入学しています。

＊日本語指導者の適性

　国文学科の同級生や大学院の同級生・先輩を思い出しても、国文学を選んだ人と国語学を選んだ人とではタイプが違いました。国文学を志望する人の適性は、日本語指導とあまり相性がよくないような気がします。

　高校教員でも、国語科は、読書好きでどちらかというと内省的で比較的物静かな人が多いのですが、これに対して、日本語指導というのは、明るく活発な英語科の雰囲気に近いのです。昔テレビでよく流れていたNOVAのCM「いっぱい聞けて！いっぱい話せる！」（あれは日本人に対する英会話ですが）のように、日本語指導も言葉を話せない人に、明るく活発に発音・発話レッスン指導を繰り返します。要するに語学なのです。日本語指導を集団で教えるには英語の教員の教え方のほうが合っているように思います。

　そして、近い将来、「日本語」が単位として認定され、「日本語指導」が国の認める教員免許になれば、別に他の免許がなくても、「日本語」科教諭として正規採用されるようになるでしょう。（本稿を書き上げた直後、「文部科学省が、日本語教育を所管する専門の部門を新設する方針を打ち出し、文化庁国語課が担ってきた業務を移し、外国籍の児童・生徒らへの授業や外国人労働者を対象とした生涯学習などの指導体制を充実させる」という報道がありました。〔日本経済新聞2023年8月25日〕）

　でもそれは、国語科教諭とは別のものです。国語の教諭からみた日本語教育は、読み・書き・話す、あくまでも語学で、その頂点がN1であって、そこから上に「国語」の内容があると思います。

＊「国語」科教員採用の経年変化と日本語指導

　現在、他の科目に比べて、国語科の採用をよく見かけますし、平成の終わり～令和のはじめは、国語科のいい中学・高校の先生はいないか探しているという話を、特に私立でよく聞きました。そして、コロナ禍以後、ネットの採用サイトにシフトしました。

　現在、それまで教員の多数派だった団塊の世代が、60歳定年を迎え、さらに年金受給開始年齢の65歳に達して再任用も終了になり、大量退職が発生したため、教員採用が復活した、という話はよく聞いていると思いますが、特に国語科の教員が探される原因については、「国文学科」の扱いについての文科省の失敗も大きかったのではないでしょうか。

　通達によって、大学の国文学科は、日本文学科に改名させられました。そして、外国にルーツを持つ生徒のための日本語指導を学ばせるように指導が入ったのか、改名した日本文学科は当初、どこでも日本語指導のコースが置かれました。しかし、「日本語指導」が日本では教科ではないため「国語」の教員免許も別に取得する必要があります。

　その上、日本国内では外国語を話せる人がボランティアで日本語を教え始めたという経緯もあり、ボランティアかフリーランスでしか日本語指導の仕事がありません。特に、大学や予備校などでは通訳も兼ねる必要があり、外国人並みに外国語が話せることがしばしば大学・予備校での日本語教育教員の採用要件となっています。というわけで、通訳するくらい外国語ができなければ、日本文学科の日本語指導者では仕事がなかったのです。

　昔は国文学科の就職先が七・八割がた中学高校国語の教職であったのに、平成の間、国語科教員の採用が全くなかった時期があったことも、日本文学科の減衰に拍車をかけました。それでなくても文部科学省が理科系に舵を切ったため、国公立大学法人化の前の予算請求に関して、東京大学の教授でさえ「文学部が相手にされていない」と学会で嘆くありさまでした。そして国公立大学が法人化したのち、企業と結びつきにくい文学部の立場はさらに弱くなり、文科省から「文学部をなくす」という話までありました。

＊国語免許取得者の今後

　社会学部・法学部・経済学部・経営学部などで教員免許の取れる社会科と違って、高校国語の免許取得ができるのは、ほぼ日本文学科（国文学科）に限られ、あとは中国文学科ぐらいです。教育大学や教育学部は主に小学校がメインで、専科で中学校高校の免許取得人数はごく少数です。そして、毎年教員を輩出していた文学部日本文学科自体が減り、残った日本文学科も中高の教員になる伝統が消えており、国語科免許を取らない人が増えました。

　つまり、現在の高校国語免許所持者とこれからの取得者がそもそも少ないのです。このため、「いい高校国語の先生はいませんか」と聞き合わせも間に合わなくなって、教職サイトや人材会社から、現在講師をしている人間に、手は空いていませんかと年度途中にまで尋ねてくる状況になっています。

　この状況は、高校国語の免許を今後取得する人には、大きなチャンスに違いありません。

おわりに

　高校の教員の仕事は多岐にわたりますが、そういう中でも国語科の教員の立ち位置は、さらに特殊です。進学指導はもちろん、進路に関わって小論文指導もしますし、卒業の送辞・答辞の添削から、マイクの前での話し方の指導もします。また、漢字・四字熟語・故事成語も教えますが、就職・進学指導の範疇でもあり、途中から進路指導部が関わってきます。

　さらに言えば、高校一年の時点であっても、生徒たちがあまりに読み書きができないと、各教科から「国語科は何をやっているんだ！」と指弾されることが少なくありません。なんといっても、国語科は、すべての教科の基礎基本を支える教科なのです。

　一方、大学にいると、高校での指導内容はすっかり忘れてしまいます。たとえ、塾で教えていても、高校ではまたちょっと違うのです。塾や予備校の先生と高校の先生との違いを考えてみて下さい。入試を突破する技術を教えるのか、人生を教えるのか、学問の仕方を教えるのか、実際に討論を戦わせるのか、それで、展開の仕方も変わってきます。

　答えが人の数だけある高校国語は、指導方法も十人十色、みな、人に教えたがりませんし、自分で編み出していくしかない面もあるのですが、その前段階で、疲れたり倒れてしまったりするのはあまりに惜しいことだと思い、これまで先輩諸氏に直接教えてもらったことを本にしました。本書がみなさんのお役に立てるなら、これ以上の喜びはありません。

あとがき

　本書の元となったのは、実学を標榜している大学での教職必修の漢文の授業で、「高校の教職とは」と教職志望者に語っていた話でした。しかし、その授業には教職を取らない人もいるため、文学部長からは「教職に限定しないように」と指示が出て、『教職志望者には必要ではあるが、どうしたものか』と考えているところに、武蔵野書院の本橋典丈さんから、「何か本を出しませんか」というお話をいただきました。

　最初は新書版の参考書の予定でしたが、『大判のほうが見やすいのではないか』と思い始め、方針を変更しました。また、コロナ禍の中、『現代の国語』『言語文化』など新指導要領による教科書をなかなか見ることができず、わからないことも多かったので、自分から言い出したのに、武蔵野書院の本橋さんには2年ほど待っていただきました。この場をお借りして感謝いたします。

　そして、本文チェックには大学からの友人とその大学生の娘さん、高校の元同僚や妹・松岡美砂紀の手を借りました。感謝しています。

　本書のような本をあまり見かけないのは、教職に守秘義務があり、どこからどこまでが守秘にあたるのか明確ではないこと、どうしても体験談になるので客観性を保持しにくいこと、そして、これまでなら先輩の先生方が直接教えて下さったことだったからです。少子化で採用が抑制されて、長い間、私自身には後輩が数名しかおらず、後輩に教える機会があまりありませんでした。本書はその代わりです。みなさんの幸運を祈ります。

2024年1月9日

内　田　美　由　紀

〈著者紹介〉

　内田美由紀（うちだみゆき）

大阪女子大学（現・大阪公立大学）大学院文学研究科国語学国文学専攻。

大阪府立高等学校教諭退職後、帝塚山大学非常勤講師。

主著

『伊勢物語考―成立と歴史的背景』（2014年、新典社）

『伊勢物語考Ⅱ―東国と歴史的背景』（2021年、新典社）

共著

『教科書に出てくる歌人・俳人事典』（2022年、丸善出版株式会社）で「在原業平」「藤原敏行」を担当。

高等学校国語　教職志望の皆さんへ

2024年2月15日　初版第1刷発行

著　　者：内田美由紀

発 行 者：前田智彦

発 行 所：武蔵野書院

〒101-0054

東京都千代田区神田錦町 3-11

電話 03-3291-4859　FAX 03-3291-4839

装　　幀：武蔵野書院装幀室

制　　作：武蔵野書院